Kaiserstraße 14 b
80801 München

1. Auflage 2016
ISBN 978-3-89883-564-0

PROJEKTLEITUNG	Alexandra Gudzent
KONZEPT & REZEPTE	Kerstin Pooth
REDAKTION	Astrid Saß
LEKTORAT	Julei M. Habisreutinger
FOTOGRAFIE	Claudius Holzmann
FOODSTYLING	Valerie Kohlmetz
GRAFISCHE GESTALTUNG	Kasel Designbüro
HERSTELLUNG	Peter Karg-Cordes
PRODUCING	Jan Russok
DRUCK & BINDUNG	optimal media Gmbh, Röbel

Die ZS Verlag GmbH ist ein Unternehmen der Edel AG, Hamburg.
www.zsverlag.de | www.facebook.com/zsverlag

Kerstin Pooth
Astrid Saß

SUPER FOOD EIS

INHALT

SUPERFOODS & EIS

REZEPTE

SERVICE

Unter diesem Symbol finden Sie Extra-Tipps.

Für diese Rezepte benötigen Sie eine Eismaschine.

EIS MIT BENEFITS

Es mag fast ein wenig absurd klingen: gesundes Eis?!? Das uns mit wichtigen Nährstoffen versorgen, den Körper reinigen und sogar dabei helfen kann, ein paar lästige Pfunde zu verlieren? Und dazu noch total lecker schmeckt, einen strahlenden Glow zaubert und rundum happy macht? Das soll es wirklich geben? Ja, natürlich! Ich will Ihnen verraten, wie das funktioniert.

Ich liebe einfach Süßes. In jeder Form. Und ganz besonders Eis. Aber nachdem bei mir Unverträglichkeiten gegen Kuhmilch und Eier festgestellt worden waren und ich raffinierten Zucker meiden wollte, konnte ich herkömmlich zubereitetes Eis nur noch selten und in ganz kleinen Mengen genießen. Das änderte sich, als ich vor einigen Jahren eine Eismaschine zum Geburtstag geschenkt bekam und damit zum ersten Mal selbst Eiscreme herstellen konnte. Ich begann, mit Alternativen zu Milchprodukten und Haushaltszucker zu experimentieren. Angeregt von meinen Smoothies, die ich schon seit Längerem mit Superfoods anreicherte, kam ich auf die Idee, auch meinem Eis hochwertige Nährstoffe in Form von Superfoods beizumischen. Das Ergebnis war extrem lecker und überzeugte sofort. Endlich konnte ich wieder ohne Reue größere Portionen Eis genießen! Denn Superfoods liefern reichlich wichtige Nährstoffe, und Süßmacher aus der Natur schmecken nicht nur fabelhaft, sondern sind dazu auch noch gesund!

So entstand die Idee zu diesem Buch, das ich zusammen mit der Lifestyle-Expertin und Journalistin Astrid Saß geschrieben habe. Damit Sie schneller erkennen können, welches Eis welchen Benefit hat, haben wir die Rezepte in unterschiedliche Kategorien eingeordnet: Im Kapitel HAPPINESS finden Sie Eis, das einfach glücklich macht. Und unter ENERGIZING entdecken Sie Eis, das neue Power schenkt und wie ein Stresskiller wirkt. Wie Sie beim Eisessen Kalorien verbrennen und Ihren Stoffwechsel anregen können, verraten wir unter DETOX. Ihre Abwehrkräfte können Sie mit den IMMUN-BOOST-Eisrezepten stärken. Und das Schönste zum Schluss: Gönnen Sie sich süßes ANTI-AGING-Eis!

Wir hoffen, dass unser Buch Sie animiert, sich in gesundes, köstliches Eis zu verlieben und die unkomplizierten Rezepte auszuprobieren. Lassen Sie sich einfach inspirieren!

Herzliche Grüße, Ihre

HINTER DEN KULISSEN

SUPERFOODS VON A–Z

SUPERLECKER! SUPERGESUND! Plötzlich begegnen sie uns überall: Superfoods sind derzeit das Trendthema für alle, die sich gesund ernähren wollen. Aber was steckt dahinter? Als Superfoods werden pflanzliche Lebensmittel bezeichnet, die einen überdurchschnittlich hohen Nährstoffgehalt aufweisen. Viele von ihnen liefern nicht nur jede Menge Vitamine, Mineral- und sekundäre Pflanzenstoffe, sondern auch wichtige Antioxidanzien sowie essenzielle Amino- und Fettsäuren. Aufgrund ihrer einzigartigen Zusammensetzung können Superfoods das Immunsystem stärken, mehr Vitalität verleihen, das Abnehmen unterstützen oder bei Krankheiten helfen. Durch den Boom der Superfoods sind inzwischen Exoten wie Chiasamen, Acai- oder Gojibeeren bei uns populär geworden. Aber auch heimische Früchte wie Äpfel, Blaubeeren oder Walnüsse sind echte Powerpakete der Natur. Auf diesen Seiten stellen wir die Superfoods vor, die wir in unseren Eisrezepten verwendet haben, und erklären, wie sie der Gesundheit nutzen.

ACAI (1) – die blauen Beeren aus dem Amazonas-Regenwald bestehen aus einem großen Kern, verzehrt wird jedoch nur die Haut samt dünnem Fruchtfleisch. Nach der Ernte werden die Acaibeeren (sprich Assa-i) entkernt und püriert. Sie stecken voller Antioxidanzien und essenzieller Fettsäuren und helfen dem Körper bei der Regeneration.

ANANAS (2) hat einen hohen Wasser-, Zucker- und Ballaststoffgehalt. Ihr wichtigster Wirkstoff ist das eiweißspaltende Enzym Bromelain: Es hat gerinnungs- und entzündungshemmende Fähigkeiten, fördert die Verdauung und beschleunigt die Wundheilung.

APFEL (3) hat als weltweit beliebte und kalorienarme Frucht für die Gesundheit eine Menge zu bieten: neben reichlich Vitamin C viele Ballaststoffe in Form von wasserlöslichem Pektin und unlöslicher Zellulose, die die Verdauung und Entgiftung unterstützen. Von Fruchtzucker und Fruchtsäuregehalt hängt es ab, ob ein Apfel süß oder sauer schmeckt.

ARONIA (4), auch Apfelbeeren genannt, schmecken säuerlichherb mit leichtem Bittermandelaroma. Die Winzlinge verfügen über ein hohes antioxidatives Potenzial aufgrund der in ihnen enthaltenen sekundären Pflanzenstoffe, den sogenannten Polyphenolen. Diese stärken das Sehvermögen und schützen vor Zellschäden.

AVOCADO (5) enthält als einzige Frucht viel Fett in Form von ungesättigten Fettsäuren, die den Cholesterinspiegel regulieren, Energie liefern und helfen, Vitamine aus anderen Lebensmitteln aufzunehmen. Das cremige Fruchtfleisch ist eine gute Quelle für Provitamin A, viele B-Vitamine und die Vitamine C, D, K und E.

BANANEN (6) sorgen für Power, gute Laune und unterstützen die Verdauung. Die tropischen Kraftpakete enthalten unter anderem eine ideale Mischung aus Kohlenhydraten und Fitness-Mineralstoffen wie Kalium und Magnesium. Außerdem liefern sie die Aminosäure Tryptophan, die im Gehirn in Serotonin umgewandelt wird, den Nervenbotenstoff, der Depressionen vorbeugt.

BAOBAB (7) wird der mächtige afrikanische Affenbrotbaum genannt. Seine Früchte trocknen als Ganzes am Baum und werden dann geerntet. Sie enthalten Vitamin C, Kalium, Kalzium, Eisen und antioxidativ wirksame Polyphenole. Hierzulande ist das Baobabpulver erhältlich, das süßlichfruchtig schmeckt und als Verdickungsmittel dient.

1
2
3
4
5
6
7
8
9
10
11
12

13
14
15
16
17
18
19
20
21
22
23
24

BASILIKUM (8), das antibakteriell und entzündungshemmend wirkende Heilkraut schützt mit seinem Vitamin-A- und Betacarotin-Gehalt Zellen und Blutgefäße vor Schäden durch freie Radikale.

BLAUBEEREN (9) verdanken ihre Farbe dem sekundären Pflanzenstoff Myrtillin, der freie Radikale abfängt, die Blutgefäße durchgängig macht und entzündungshemmend wirkt.

CAMU-CAMU (10), die kirschgroße Frucht aus dem Amazonasgebiet, gilt als das pflanzliche Nahrungsmittel mit dem höchsten Vitamin-C-Gehalt der Welt! Sie liefert 30- bis 40-mal mehr als Orangen, wehrt damit nicht nur Infektionen ab, sondern stärkt auch Augen, Herz, Leber und Haut.

CAROB (11) ist das geröstete und gemahlene Mark der Früchte des Johannisbrotbaums. Das vitamin-, mineral- und ballaststoffreiche Pulver schmeckt ähnlich wie gesüßtes Kakaopulver.

CASHEWS (12) sind eigentlich keine Nüsse, sondern die Kerne des Cashewapfels. Sie liefern viele Eiweiße, Kohlenhydrate und Magnesium, dazu Tryptophan, das im Gehirn für den „Glücklichmacher“ Serotonin verantwortlich ist.

CHIASAMEN (13) kommen aus Südamerika und sind eine großartige pflanzliche Quelle für Omega-3-Fettsäuren und Proteine. Sie steigern die Konzentration, verleihen Energie, reduzieren Heißhunger, regen den Stoffwechsel an, helfen beim Muskelaufbau.

DATTELN (14) versorgen den Körper durch ihren hohen Kohlenhydratgehalt in Form von Frucht- und Traubenzucker schnell mit lang anhaltender Energie. Außerdem haben sie, getrocknet oder frisch, B-Vitamine und viele Mineralstoffe wie Kalium, Magnesium, Phosphor, Eisen und Kalzium zu bieten.

ERDBEEREN (15) werden als wahre Abwehrspezialisten geschätzt. In den kalorienarmen, aber ballaststoffreichen Beeren stecken neben Vitamin C und Eisen auch sekundäre Pflanzenstoffe, die entzündungshemmend und krebsvorbeugend wirken.

GOJIBEEREN (16) kommen ursprünglich aus China und gelten in der TCM aufgrund ihres Heil- und Wirkungsspektrums als „Adaptogene“, die den Körper beleben, stärken, verjüngen und ihm helfen, besser mit Stress umzugehen.

HANFSAMEN (17) schmecken leicht nussig und werden am besten geschält verwendet. Sie enthalten alle essenziellen Amino- und Fettsäuren sowie Lecithin, eine Fettsubstanz, die für Gehirn und Leber sehr wichtig ist.

HIMBEEREN (18) liefern eine Menge Eisen, das in Kombination mit ihrem hohen Vitamin-C-Gehalt gut vom Körper aufgenommen wird. Die süßen Früchtchen sollen sowohl eine blutreinigende, blutbildende als auch krebshemmende Wirkung haben.

INGWER (19) besteht aus mehr als 160 unterschiedlichen Inhaltsstoffen sowie aus zahlreichen ätherischen Ölen, wie zum Beispiel dem Scharfstoff Gingerol. Die Wurzel hat eine hohe antioxidative Wirkung und hilft gleichzeitig gegen jede Form von Übelkeit.

KAKAO (20) hat roh einen höheren Antioxidanzienanteil als jedes andere Lebensmittel der Welt. In Kakao, ob als Bohnen, Nibs oder Pulver, findet sich zudem sehr viel Magnesium, das die Muskeln entspannt, das Herz unterstützt und das Gehirn stärkt.

KOKOSNUSS (21) weist in ihrem Fleisch bis zu 90 Prozent mittelkettige gesättigte Fettsäuren auf, die nicht nur das Immun- und Nervensystem stärken, den Stoffwechsel ankurbeln, sondern auch die Haut harmonisieren und die Hormonproduktion regulieren.

LUCUMA (22), die subtropische Frucht aus den Anden, ist aufgrund ihres niedrigen glykämischen Index eine gesunde Alternative zu raffiniertem Zucker. Sie liefert reichlich Ballaststoffe, B-Vitamine, Beta-Carotin und Mineralien wie Kalium, Kalzium und Eisen. Durch Lucumapulver erhält Eis eine cremige Textur.

MACA (ohne Foto), der „Anden-Ginseng", wurde bereits von den Inkas entdeckt. Das hierzulande erhältliche Macapulver ist reich an Aminosäuren und Mineralstoffen, verbessert Energie, Kraft und Ausdauer und fördert die gesunde Hormonproduktion.

MACADAMIA (23), die „Königin unter den Nüssen" hat sowohl eine Menge herzfreundlicher, ungesättigter Fette zu bieten als auch Magnesium, Phosphor, Kalzium und B-Vitamine für gute Nerven und gesunde Knochen.

MANDELN (24) sind Top-Lieferanten für gesunde Fette, Proteine, wichtige Mineralien wie Mangan und Magnesium, Betacarotin, B-Vitamine und dem Anti-Krebs-Vitamin E. Sie sorgen für schöne Haut, verlangsamen das Altern und beugen Herzkrankheiten vor.

MANGO (25) ist ein richtiger Schönmacher. Die Frucht hat Anti-Aging-Qualitäten: Durch ihren hohen Anteil an Betacarotin und den Vitaminen A und C unterstützt sie die Erneuerung der Haut, regt die Produktion von Kollagen an und stärkt das Immunsystem.

MARACUJA (26) ist die Frucht der Passionsblume. Ihr süßsaures Fruchtfleisch liefert reichlich Vitamin A, B und C, aber auch Kalium, Kalzium, Eisen und Magnesium. Die Maracuja hat eine blutdrucksenkende, beruhigende und schlaffördernde Wirkung.

MATCHA (27) ist eine fein pulverisierte Form des grünen Tees, bei dem das ganze Blatt „getrunken" wird und nicht nur das gebraute Wasser. So bleiben alle seine antioxidativen, stimmungsaufhellenden und den Stoffwechsel anregenden Inhaltsstoffe besser erhalten.

MAULBEEREN (28) sind rot, weiß oder schwarz, ähneln Brombeeren und schmecken süßsäuerlich. Auch getrocknet liefern die Beeren antioxidativ wirkende Polyphenole und wichtige Mineralstoffe wie Zink und Eisen, stärken so die Abwehrkräfte und helfen auch bei Magen-Darm-Erkrankungen.

ORANGEN (29) gelten als wahre Vitamin-C-Bomben. Die Zitrusfrüchte sind ein fantastischer Immun-Booster und haben eine Menge sekundärer Pflanzenstoffe und wichtiger Mineralstoffe zu bieten.

PAPAYA (30) ist reich an eiweißspaltenden Enzymen, die den Stoffwechsel unterstützen und den Blutzuckerspiegel regulieren. Das mildsüße, vitamin-, mineral- und ballaststoffreiche Fruchtfleisch ist auch für empfindliche Mägen leicht verdaulich.

PISTAZIEN (31) punkten mit großen Mengen an mehrfach ungesättigten Fettsäuren und können dadurch einem erhöhten Cholesterinspiegel und Herz-Kreislauf-Erkrankungen vorbeugen. Außerdem liefern sie reichlich Antioxidanzien gegen freie Radikale.

VANILLE (32) ist ein echter Stimmungsaufheller. Das kostbare, verführerisch duftende Gewürz ist berühmt als natürliches Aphrodisiakum. Es weist aber auch antimikrobielle und entzündungshemmende Eigenschaften auf.

WALNÜSSE (33) liefern neben wertvollen Nährstoffen essenzielle Fettsäuren, darunter die Alpha-Linolensäure (ALA), eine wichtige Omega-3-Fettsäure. Walnüsse können so den Körper vor Entzündungen schützen und den Cholesterinspiegel senken.

ZIMT (34) dient wegen seines geschmacks- und geruchsgebenden ätherischen Öls sowie weiterer zahlreicher Stoffe als Gewürz und Heilmittel, dem desinifzierende, blutzuckerregulierende, aber auch aphrodisierende Eigenschaften zugeschrieben wird.

ZITRONE (35) ist für ihren hohen Vitamin-C-Gehalt bekannt. In ihrem Fruchtfleisch finden sich Zitronensäure sowie reichlich Bioflavonoide, die vor Zellschäden und Infekten schützen und die Entgiftung des Körpers fördern.

ZITRONENMELISSE (36) ist von alters her ein wichtiges Gewürz- und Heilkraut, das zart zitronig duftet. Es enthält Gerb- und Bitterstoffe, organische Säuren und ätherische Öle, die gegen Schlafstörungen, nervöse Unruhe, Kopfschmerzen und Magen-Darm-Beschwerden helfen.

25
26
27
28
29
30
31
32
33
34
35
36

SO GELINGT DAS EIS

Eis selber zu machen ist wirklich nicht kompliziert. Ein paar Dinge sollten Sie allerdings beachten, damit die Liebe zum selbst gemachten Eis heiß und innig wird. Es macht einfach Spaß, eigene Eisvarianten zu kreieren und mit neuen Zutaten zu experimentieren.

QUALITÄT DER ZUTATEN

Hausgemachtes Eis ist klar von professionell hergestelltem Eis zu unterscheiden. Während Profihersteller meistens Zusatzstoffe zur Haltbarmachung des Eises verwenden, auf die wir bei unseren Rezepten bewusst verzichten, muss bei der häuslichen Eiszubereitung sehr genau auf die Qualität der meist rohen Zutaten geachtet werden. Frische Früchte sollten daher aromatisch, richtig reif und ganz ohne Mängel sein, denn das Eis kann nur so gut schmecken wie seine Zutaten.

ZUTATEN GUT VORBEREITEN

Stellen Sie alle Zutaten für das Eis zunächst in den Kühlschrank, denn vorgekühlte Zutaten erleichtern den Gefriervorgang und ersparen viel Arbeit. Falls Sie Zutaten für eine Mischung erhitzt haben, müssen Sie auch diese erst gut abkühlen lassen, bevor Sie sie weiterverarbeiten oder in die Eismaschine geben. Ist die Masse noch zu warm, verlängert sich der Gefrierprozess, was zu Eiskristallen führen kann. Das A und O ist das genaue Einhalten der in den Rezepten angegebenen Mengen. Je exakter Sie die Zutaten abwiegen, desto besser wird das Eis. Fällt der Wasseranteil zu hoch oder die Menge der Süßungsmittel zu niedrig aus, wird das Eis hart. Das Eis gelingt nicht richtig, wenn der Süßungsanteil zu hoch ist! Wollen Sie mehr Eis herstellen, als im Rezept angegeben, sollten Sie die Mengen nicht verdoppeln, sondern einen zweiten Durchgang durchführen. Kommt die Eismaschine zum Einsatz, dann befüllen Sie diese nur zur Hälfte oder zu zwei Dritteln.

HERSTELLUNG DER EISMASSE

Zunächst vermischen Sie die abgemessenen flüssigen Zutaten in einem Hochleistungsmixer oder Mixbecher. Dann fügen Sie die abgewogenen trockenen Zutaten hinzu. Anschließend wird alles mit dem Stabmixer oder im Mixer zu einer cremigen Masse püriert. Wenn Sie keine Eismaschine besitzen, füllen Sie die fertige Mischung in gefrierfeste Behälter und stellen sie abgedeckt ins Tiefkühlfach. Alle 40 Minuten sollten Sie die gefrierende Masse mit einer Gabel gut durchrühren. Je gründlicher Sie rühren, desto kleinere Eiskristalle bilden sich, und das Eis wird schön cremig. Nach 4 bis 5 Stunden ist das Eis fertig. Falls Sie die Mischung in die Eismaschine gegeben haben, sollte sich das Eis während des Rührens langsam von den Wänden der Maschine lösen, dann hat es die richtige Konsistenz. Es darf weder zu leicht vom Löffel rutschen noch zu fest kleben bleiben.

AUFBEWAHRUNG VON EIS

Das fertige Eis sollten Sie sofort zugedeckt ins Tiefkühlfach stellen, sofern es nicht gleich verzehrt wird. Eine Tiefkühltemperatur von –18 °C ist perfekt. Bei wärmeren Temperaturen verändert sich die Eiskonsistenz. Ein paar Grad kälter hingegen sind kein Problem. Nach zwei bis vier Wochen sollten Sie das Eis aufbrauchen. Veganes Eis lässt sich auch etwas länger aufbewahren.

SERVIEREN VON EIS

Tiefgefrorenes, hausgemachtes Eis ist in der Regel etwas härter als herkömmliches Eis. Deshalb unser Eis mindestens 30 Minuten vor dem Verzehr aus dem Tiefkühler nehmen.

APFEL-
SÜSSE
KOKOS-
ZUCKER
BIRKEN-
SÜSSE
AHORN-
SIRUP

DIE RICHTIGEN ZUTATEN

Bei der Herstellung von konventioneller Eiscreme wird zumeist mit Produkten wie Sahne, Milch, Joghurt, Eier und Zucker gearbeitet. Da viele Menschen diese Lebensmittel nicht vertragen oder nicht zu sich nehmen möchten, haben wir für unsere Rezepte ausschließlich alternative Produkte verwendet. Dadurch schmeckt das Superfood-Eis nicht nur wunderbar, sondern ist auch sehr bekömmlich. Die meisten Zutaten sind in gut sortierten Bioläden und Reformhäusern zu finden oder online zu bestellen.

PFLANZENDRINKS & KOKOSMILCH

Eine gute Alternative zu Kuhmilch sind neutrale oder nur leicht gesüßte Pflanzendrinksorten wie Soja-, Mandel-, Hafer- oder Reisdrink. Eine wunderbar cremige Konsistenz verleiht Kokosmilch mit ihrem hohen Anteil an gesunden Fetten. Diese Drinks werden von unterschiedlichen Herstellern angeboten, der Geschmack kann daher variieren. Am besten ist es, zuvor ein paar Sorten auszuprobieren.

SAHNE AUS SOJA, REIS & HAFER

Statt herkömmlicher Sahneprodukte lassen sich Soja Cuisine, Reis Cuisine oder Hafer Cuisine verwenden. Diese weniger fettreichen Sahnealternativen können aufgeschlagen werden und eignen sich sehr gut für die Eisherstellung.

BIRKENSÜSSE (BIRKENZUCKER, XYLIT)

ist ein Zuckeraustauschstoff, wird aus Birkenrinde gewonnen und enthält 40 % weniger Kalorien als normaler Zucker. Sie ist zahnfreundlich und beeinflusst den Blutzuckerspiegel weniger.

DICKSÄFTE & SIRUP

Dicksäfte stellen eine gute natürliche Alternative zu Haushaltszucker dar. Sie werden meist aus Äpfeln, Birnen, Datteln oder Agaven gewonnen, haben einen hohen Anteil an Mineralstoffen wie Kalium, Kalzium und Magnesium. Da Dicksäfte ähnlich wie Honig einen intensiven Eigengeschmack (Ausnahme Agavendicksaft) haben und eine starke Süßkraft entfalten, wird nur etwa halb so viel davon benötigt wie von raffiniertem Zucker. Geschmacklich etwas milder ist Ahornsirup, der in verschiedenen Qualitätsstufen erhältlich ist.

KOKOS(BLÜTEN)ZUCKER

gibt es in unterschiedlichen Raffinierungsgraden und wird aus dem Nektar der Kokospalme gewonnen. Der mineralienreiche Kokoszucker erinnert im Geschmack an Karamell und kann 1:1 wie brauner Zucker verwendet werden.

STEVIA

Dieser Zuckerersatzstoff wird aus den Blättern der südamerikanischen Pflanze *Stevia rebaudiana* gewonnen. Er süßt bis zu 30-mal stärker als Zucker, hat kaum Kalorien und hebt den Blutzuckerspiegel nur wenig an. Allerdings kann Stevia in größeren Mengen einen bitteren Geschmack entwickeln.

MANDELMUS & CO.

Mandelmus aus blanchierten oder aus gerösteten, ungeschälten Mandeln, aber auch Cashewmus eignet sich aufgrund seiner feinen Konsistenz sehr gut zum Cremigmachen von Eis.

GUARKERN- & JOHANNISBROTKERNMEHL

Guarkernmehl, aus den Samen der Guarpflanze, verhindert bei der Eiszubereitung die Bildung von Eiskristallen und verleiht dem Eis eine cremige Konsistenz. Es wird oft zusammen mit Johannisbrotkernmehl verwendet, da dieser Zusatzstoff (E 410) die Gelierwirkung von Guarkernmehl mit kaltem Wasser verstärkt.

DIE PERFEKTE AUSRÜSTUNG

Um selbst Eis zuzubereiten, benötigen Sie im Prinzip keine speziellen Küchengeräte. Starten Sie einfach mal mit den üblichen Koch- und Backutensilien. Wenn Sie jedoch auf den Geschmack gekommen sind und Lust haben, besonders cremiges Eis zu fabrizieren, ist eine etwas professionellere Ausstattung, sprich eine Eismaschine, natürlich empfehlenswert.

EISMASCHINE

Eine Eismaschine macht die Herstellung von eigenen Speiseeiskreationen vor allen Dingen deutlich leichter. Denn solche Maschinen haben nur eine Aufgabe: die zugegebene Masse während des Gefrierprozesses kontinuierlich zu rühren. Dadurch werden die sich bildenden Eiskristalle für einen besonders zarten Schmelz so klein wie möglich gehalten. Es gibt zwei unterschiedliche Typen von Eismaschinen: Modelle ohne Kühlkompressor entziehen der Eismasse die Wärme über einen zuvor in das Tiefkühlfach gelegten Kühlakku (siehe unten), während Maschinen mit Kühlkompressor die Eismasse aktiv herunterkühlen. Wenn Sie noch Platz in Ihrer Küche haben und in Ihre Eisleidenschaft etwas mehr investieren möchten, ist eine Eismaschine mit Kompressor Ihre erste Wahl. Mit dieser ist das Eismachen komfortabler und flexibler, und Sie können auch mehrere Portionen nacheinander herstellen.

HINWEISE ZUR EISMASCHINE

Beachten Sie genau die Herstellerangaben Ihrer Eismaschine. Bei Maschinen mit Gefrierbehälter bzw. Kühlakku diesen unbedingt 24 Stunden vorher bei mindestens −18 °C ins Tiefkühlfach stellen und gefrieren lassen. Damit die Rohmasse bei der Eiszubereitung an der Kühlbehälterwand nicht festfriert, sollten Sie die Zutatenmischung für das Eis immer in die bereits laufende Maschine einfüllen.

STABMIXER & STANDMIXER

Nach der Eismaschine sind sie die zweitwichtigsten Geräte! Frische und angetaute Früchte können Sie mühelos mit einem Stabmixer zerkleinern. Gefrorene Früchte sowie Nüsse sollten Sie in einem Stand- oder Hochleistungsmixer pürieren. Achten Sie auf die Wattzahl: Je höher sie ausfällt, desto leichter können harte Zutaten zu einer cremigen Masse verarbeitet werden.

WAAGE

Bei der Zubereitung von Eis kommt es auf Präzision an. Da viele Zutaten nur in geringer Dosierung nötig sind, ist eine gute Digitalwaage empfehlenswert. Für das Abwiegen von Johannisbrotkern- und Guarkernmehl ist eine Feinwaage sinnvoll, die auf 0,1 Gramm genau wiegt. Denn nimmt man zum Beispiel ein halbes Gramm zu viel davon, erhält das Eis eine gummiähnliche Konsistenz. Und nimmt man zu wenig, bildet es mehr und schneller Eiskristalle.

METALLSCHÜSSELN

eignen sich für das Erhitzen von Zutaten im Wasserbad, zum Abkühlen im Eiswürfelbad oder zum Einfrieren und regelmäßigen Auflockern der Eismasse, besonders wenn Sie ohne Eismaschine arbeiten.

PERGAMENT- ODER WACHSPAPIER

wird verwendet, um die Oberfläche der Eiscreme vor dem Einfrieren abzudecken. Frischhaltefolie ist nicht empfehlenswert, da diese schnell an der Eiscreme festfriert.

PORTIONSFORMEN & EISSTIELE

Entweder Sie entnehmen mit dem Kugelausstecher einzelne Portionen aus dem Frischhaltebehälter, oder Sie füllen die Rohmasse in praktische Portionsförmchen, in die Sie vor dem Gefrieren auch Stiele stecken können.

S M E
TARE

HAPPINESS

Gute Laune und echte Glücksgefühle

HAPPINESS

Macht gute Laune
Sorgt für Energie

BANANENEIS MIT HIMBEEREN

ZUTATEN
FÜR CA. 500 ML

4 Bananen
15–20 Cashewkerne
500 g Himbeeren
2 EL Cashewmus
4 Datteln (ohne Stein)
1 EL Baobabpulver
1 EL Zitronensaft
200 ml Sojadrink
(oder Haferdrink))

Bananen und Himbeeren sind echte Kraftpakete und zusammen eine Powerkombination! Ihre Nährstoffe wie Kalium und Magnesium stärken die Nerven und unterstützen das Gehirn. Die süßen Beeren enthalten viel Eisen (mehr als Rote Bete!) und Vitamin C, das die Eisenaufnahme fördert.

ZUBEREITUNG

1. Am Vortag die Bananen schälen, in Stücke schneiden und in einem Gefrierbeutel im Tiefkühlfach gefrieren lassen.
2. Am nächsten Tag die Cashewkerne mit dem Messer grob hacken und in einer Pfanne ohne Fett anrösten. Die Himbeeren verlesen, kalt abbrausen und abtropfen lassen.
3. Die gefrorenen Bananen in den Mixer geben und etwas antauen lassen. Cashewmus, Datteln, Baobabpulver und Zitronensaft hinzufügen und alles 3 bis 4 Minuten cremig pürieren. Dabei den Sojadrink nach und nach hinzufügen, bis die Mischung die Konsistenz von Eiscreme hat, aber dabei nicht zu flüssig wird.
4. Zum Servieren das Bananeneis mit den Himbeeren abwechselnd in Gläser oder Schälchen schichten und mit den gerösteten Cashewkernen bestreuen.

TIPP
Besonders raffiniert: Die Beeren mit je 2 TL Vanillepulver und Agavendicksaft sowie 4 bis 5 EL Wasser kurz aufkochen, etwas abkühlen lassen. Dann mit dem Eis in Gläser schichten.

HAPPINESS

Gibt Energie
Sorgt für gute Nerven

BANANENEIS MIT ZIMT

ZUTATEN
FÜR CA. 750 ML

4 Bananen
100 g Cashewmus
60 g Datteldicksaft
1 TL Zimtpulver
Salz
2 Datteln (ohne Stein)

Versuchen Sie dieses Eis doch mal als Betthupferl! Bananen und Cashews liefern neben Magnesium das Protein Tryptophan, das im Körper in den Nervenbotenstoff Serotonin umgewandelt wird. Serotonin hilft zu entspannen und macht glücklich. Zimt verleiht eine orientalische Note, streichelt die Seele.

ZUBEREITUNG

1 Am Vortag die Bananen schälen, in Stücke schneiden und in einem Gefrierbeutel im Tiefkühlfach über Nacht gefrieren lassen.

2 Am nächsten Tag die gefrorenen Bananen in den Mixer geben und etwas antauen lassen.

3 Das Cashewmus mit dem Datteldicksaft, dem Zimt, 1 Prise Salz, den Datteln und nach Belieben ½ TL gemahlenem Kardamom in den Mixer zu den Bananen geben und alles 2 bis 3 Minuten zu einem cremigen Eis pürieren.

4 Das Bananeneis mit Zimt sofort genießen oder in ein gefrierfestes vorgekühltes Gefäß mit Deckel füllen und im Tiefkühlfach aufbewahren.

TIPP
Dieses Eis schmeckt auch in der kalten Jahreszeit köstlich. Für eine weihnachtliche Note können Sie noch 1 EL Lebkuchengewürz unter die Eismasse rühren.

HAPPINESS

Macht Lust
Sorgt für
Sex-Appeal

CASHEWEIS MIT MACA

ZUTATEN
FÜR CA. 550 ML

100 g Cashewmus
4 TL Macapulver
4–5 EL Ahornsirup
1 Tonkabohne

✚ mit Eismaschine

Cashew, Maca & Tonka – was für ein exotisches Powertrio! In Cashewkernen stecken zahlreiche B-Vitamine, sie stärken die Konzentration und Leistungsfähigkeit. Die Tonkabohne wirkt hypnotisch-erotisierend und Maca aphrodisierend. Fazit: Das perfekte Dessert für ein Candlelight-Dinner!

ZUBEREITUNG

1 Das Cashewmus mit dem Macapulver, dem Ahornsirup und 500 ml Wasser in den Mixer geben. Die Tonkabohne auf einer feinen Reibe zu einem Drittel dazureiben und alles 3 bis 4 Minuten cremig rühren.

2 Die Cashew-Maca-Mischung in der Eismaschine 25 bis 30 Minuten gefrieren lassen, bis die gewünschte Konsistenz erreicht ist.

3 Das Casheweis mit Maca sofort genießen oder in ein gefrierfestes vorgekühltes Gefäß mit Deckel füllen und im Tiefkühlfach aufbewahren.

TIPP

Besonders knusprig und leicht karamellig schmeckt das Casheweis, wenn Sie 10 Minuten vor Ende der Gefrierzeit noch 100 g gehackte geröstete Cashewkerne in die laufende Eismaschine geben. Dafür den Backofen auf 160 °C vorheizen, die Cashews gleichmäßig auf einem Backblech verteilen, etwa 10 Minuten rösten, herausnehmen und abkühlen lassen Besonders lecker: Für eine raffinierte salzige Note vor dem Rösten 1 TL Meersalz unter die Cashews mischen.

HAPPINESS

Zur Stärkung
Sorgt für Fitness

DATTELEIS MIT LUCUMA

ZUTATEN
FÜR CA. 550 ML

100 g Cashewmus
10 g Lucumapulver
2 TL rohes Vanillepulver
Salz
150 ml Datteldicksaft
1 TL Sonnenblumenlecithin
2 EL Zitronensaft

+ mit Eismaschine

Datteln sind DAS Superfood aus dem Orient! Reich an Eisen, Kalium und Magnesium und wegen ihres hohen natürlichen Zuckergehalts perfekt gegen den Heißhunger. Dazu die feine Süße der peruanischen Lucumafrucht mit ihren Noten von Karamell und Mango. Zum Dahinschmelzen wie in 1001 Nacht!

ZUBEREITUNG

1. Das Cashewmus mit dem Lucuma- und Vanillepulver, 1 Prise Salz, dem Datteldicksaft, dem Sonnenblumenlecithin, dem Zitronensaft und 300 ml Wasser in den Mixer geben und 4 bis 5 Minuten pürieren. Die Masse vollständig abkühlen lassen.
2. Die Dattelmischung in der Eismaschine 25 bis 30 Minuten gefrieren lassen, bis die gewünschte Konsistenz erreicht ist.
3. Das Datteleis mit Lucuma sofort servieren oder in ein gefrierfestes vorgekühltes Gefäß mit Deckel füllen und im Tiefkühlfach aufbewahren.

TIPP
Für einen noch intensiveren Dattelgeschmack 5 Datteln klein schneiden und kurz vor Ende des Gefriervorgangs unter das Eis mischen. Einfach köstlich!

HAPPINESS

Macht Freude
Sorgt für starke Nerven

PFLAUMENSORBET MIT ZIMT

ZUTATEN
FÜR CA. 550 ML

1 Vanilleschote
350 g frische Pflaumen (oder aus dem Glas, ohne Stein)
10 Datteln (ohne Stein)
3 EL helles Mandelmus
4 EL Apfeldicksaft
1 TL Zimtpulver
1 TL Sonnenblumenlecithin
1 EL Acaipulver

mit Eismaschine

Pflaumen punkten besonders aufgrund ihrer zahlreichen Vitamine der B-Gruppe. Diese wirken sich sehr positiv auf das Nervensystem aus. Und haben wir unsere Nerven im Griff, geht es uns gut. Logische Schlussfolgerung: Bitte noch eine Kugel Pflaumensorbet mit Zimt!

ZUBEREITUNG

1. Die Vanilleschote längs aufschneiden und das Mark mit einem spitzen Messer herauskratzen. Frische Pflaumen waschen, halbieren und die Steine entfernen. Pflaumen aus dem Glas in ein Sieb abgießen und abtropfen lassen.
2. Die Pflaumen im Mixer mit Datteln, Mandelmus, Apfeldicksaft, Zimt, Vanillemark, Sonnenblumenlecithin, Acaipulver und 300 ml Wasser fein pürieren.
3. Pflaumenmischung in der Eismaschine 25 bis 30 Minuten gefrieren lassen, bis die gewünschte Konsistenz erreicht ist.
4. Das Pflaumensorbet mit Zimt sofort genießen oder in ein gefrierfestes vorgekühltes Gefäß mit Deckel füllen und im Tiefkühlfach aufbewahren.

TIPP
Einen extraaromatischen Kick bekommt das Eis mit einer warmen Pflaumensauce als Begleiter: Dafür 5 bis 6 Pflaumen halbieren, entsteinen, klein schneiden und mit etwas Vanille- und Zimtpulver sowie 1 EL Agavendicksaft kurz aufkochen. Vor dem Servieren leicht abkühlen lassen.

HAPPINESS

Macht glücklich
Steigert die Konzentration

SCHOKOLADENEIS MIT KOKOS

ZUTATEN
FÜR CA. 500 ML

180 ml Sojadrink (oder Reisdrink)
200 ml Kokosmilch (aus der Dose)
1 Tonkabohne
80 g Zartbitterschokolade (70 % Kakaogehalt)
110 g Birkensüße
30 g rohes Kakaopulver
Salz
¼ TL Johannisbrotkernmehl (ca. 0,5 g)
¼ TL Guarkernmehl (ca. 0,5 g)
1 TL Carobpulver

+ mit Eismaschine

Eine Extraportion Endorphine gefällig? Roher Kakao enthält besonders viele Anitoxidanzien und kann die Produktion verschiedener Glückshormone unterstützen. Kokos liefert aufgrund seines Fettgehalts viel Energie und steigert die Konzentration. Ein Schoko-Eis zum Verlieben!

ZUBEREITUNG

1 Den Sojadrink und die Kokosmilch mit der Tonkabohne in einem Topf erhitzen, vom Herd nehmen und etwa 30 Minuten abkühlen bzw. ziehen lassen.

2 Währenddessen die Zartbitterschokolade mit dem Messer grob hacken und im warmen Wasserbad schmelzen.

3 Die Tonkabohne aus der Kokosmischung nehmen und die geschmolzene Schokolade unterrühren. Birkensüße, Kakaopulver, 1 Prise Salz, Johannisbrotkern- und Guarkernmehl sowie Carobpulver in den Mixer geben, die flüssige Schokoladenmischung hinzufügen und alles 2 bis 3 Minuten cremig rühren.

4 Die Schokoladenmischung vollständig abkühlen lassen und in der Eismaschine 25 bis 30 Minuten gefrieren lassen, bis die gewünschte Konsistenz erreicht ist.

5 Das Schokoladeneis mit Kokos sofort genießen oder in ein gefrierfestes vorgekühltes Gefäß mit Deckel füllen und im Tiefkühlfach aufbewahren.

HAPPINESS

Energetisiert
Sorgt für beste Stimmung

SCHOKOLADENEIS MIT CHILI

ZUTATEN
FÜR CA. 500 ML

90 g helles Mandelmus
(oder Cashewmus)

90 g Kokosblütenzucker

60 g rohes Kakaopulver

Chilipulver
(je nach gewünschter Schärfe)

1 TL Carobpulver

¼ TL Johannisbrotkernmehl
(ca. 0,5 g)

¼ TL Guarkernmehl (ca. 0,5 g)

✚ mit Eismaschine

Sie können von Schokolade nicht genug bekommen? Dann wissen Sie natürlich längst, wie glücklich Kakao macht. In Kombination mit Mandeln, Chili und Carcbpulver dürfen Sie Ihre Leidenschaft ganz neu definieren.

ZUBEREITUNG

1 Das Mandelmus mit dem Kokosblütenzucker, dem Kakaopulver und 260 ml Wasser in den Mixer geben und etwa 1 Minute cremig rühren.

2 Dann 1 Prise Chilipulver, Carobpulver, Johannisbrotkern- und Guarkernmehl hinzufügen und alles nochmals kurz durchmixen, abkühlen lassen.

3 Die Schoko-Chili-Mischung in der Eismaschine 20 bis 30 Minuten gefrieren lassen, bis die gewünschte Konsistenz erreicht ist.

4 Das Schokoladeneis mit Chili sofort genießen oder in ein gefrierfestes vorgekühltes Gefäß mit Deckel füllen und im Tiefkühlfach aufbewahren.

HAPPINESS

Macht optimistisch
Sorgt für Entspannung

STRACCIATELLA-EIS

ZUTATEN
FÜR CA. 550 ML

1 Vanilleschote
250 g Cashewmus
1 ½ EL Baobabpulver
100 ml Reissirup
Salz
100 g Zartbitterschokolade
(70 % Kakaogehalt)

✚ mit Eismaschine

Verführung in einer neuen Dimension: Vanille wirkt nicht nur aphrodisierend, sondern kann auch gegen Stimmungsschwankungen helfen. Kombiniert mit den Superfoods Kakao und Cashew, ist gute Laune garantiert! Sofort!

ZUBEREITUNG

1 Die Vanilleschote längs aufschneiden und das Mark mit einem spitzen Messer herauskratzen.

2 Das Cashewmus mit dem Baobabpulver, dem Reissirup, 1 Prise Salz, dem Vanillemark und 350 ml Wasser in den Mixer geben und 3 bis 4 Minuten zu einer cremigen Masse rühren. Abkühlen lassen.

3 Die Vanille-Cashew-Mischung in der Eismaschine 25 bis 30 Minuten gefrieren lassen, bis die gewünschte Konsistenz erreicht ist. Kurz vor Ende des Gefriervorgangs die Schokolade fein hacken, zum Eis geben und weiter gefrieren lassen.

4 Das Stracciatella-Eis sofort genießen oder in ein gefrierfestes vorgekühltes Gefäß mit Deckel füllen und im Tiefkühlfach aufbewahren.

TIPP
Statt der Zartbitterschokolade kann man auch Kakaonibs (geschälte und gebrochene Kakaobohnen) unter die Vanille-Cashew-Mischung rühren.

HAPPINESS

Verleiht Tatendrang

Sorgt für sonniges Gemüt

VANILLE-EIS MIT KAKAOBUTTER

ZUTATEN
FÜR CA. 500 ML

½ Vanilleschote

60 g Cashewmus

90 g Ahornsirup

25 g Kakaobutter

¼ TL Johannisbrotkernmehl (ca. 0,5 g)

¼ TL Guarkernmehl (ca. 0,5 g)

1 EL Kakaonibs (geschälte und gebrochene Kakaobohnen)

+ mit Eismaschine

Kakaonibs sind das Superfood der Inkas. Sie stecken voller Magnesium, Kalium, Zink und sind reich an Ballaststoffen. Und dazu schmecken sie auch noch herrlich schokoladig-herb! Mit dieser Mischung dürfen Sie sich gerne ein bisschen glücklich essen!

ZUBEREITUNG

1 Die Vanilleschote längs aufschneiden und das Mark mit einem spitzen Messer herauskratzen. Das Cashewmus mit dem Ahornsirup, der Kakaobutter und 315 ml Wasser in den Mixer geben und etwa 1 Minute cremig rühren.

2 Das Vanillemark und das Johannisbrotkern- sowie Guarkernmehl hinzufügen und nochmals kurz durchmixen.

3 Die Vanille-Kakaobutter-Mischung in der Eismaschine 20 bis 30 Minuten gefrieren lassen, bis die gewünschte Konsistenz erreicht ist. Nach Belieben kurz vor Ende des Gefriervorgangs die Kakaonibs unter das Eis rühren oder das fertige Eis mit dem Eisportionierer zu Kugeln formen und mit den Kakaonibs dekoriert servieren.

TIPP
Wer gerade keine Kakaonibs zur Hand hat, kann sie auch durch fein gehackte Zartbitterschokolade ersetzen. Die Schokolade sollte aber qualitativ hochwertig sein und einen Kakaogehalt von 70 % haben.

HAPPINESS

Sorgt für Begeisterung

Macht leistungsfähig

VANILLE-EIS MIT MOHN

ZUTATEN
FÜR CA. 550 ML

1 Vanilleschote

350 ml Kokosmilch
(aus der Dose)

90 g Birkensüße

1 TL Macapulver

1 TL Sojalecithin

3 EL Mohnsamen

mit Eismaschine

Dieses Eis macht Lust auf mehr! Die betörende Vanille mit ihrem zarten Duft steigert die Leistungsfähigkeit in jeder Hinsicht. Und auch Maca hat es in sich: Die kleine Knolle gehört zu den Superfoods der Inka, strotzt vor Kraft und ist ein natürliches Aphrodisiakum. Dazu die leicht nussige Geschmacksnote des Mohns – zum Schwachwerden!

ZUBEREITUNG

1 Die Vanilleschote längs aufschneiden und das Mark mit einem spitzen Messer herauskratzen.

2 Die Kokosmilch mit der Birkensüße, dem Macapulver, dem Sojalecithin, dem Vanillemark und nach Belieben 1 Prise geriebener Tonkabohne in den Mixer geben und alles zu einer cremigen Masse pürieren.

3 Die Vanillemischung in der Eismaschine 20 bis 30 Minuten gefrieren lassen, bis die gewünschte Konsistenz erreicht ist. Kurz vor Ende des Gefriervorgangs die Mohnsamen zum Eis geben und weitergefrieren lassen.

4 Das Vanille-Eis sofort genießen oder in ein gefrierfestes vorgekühltes Gefäß mit Deckel füllen und im Tiefkühlfach aufbewahren.

TIPP
Vor dem Servieren ein paar Mohnsamen über die Eiskugeln streuen. Das sieht nicht nur nübsch aus, sondern verstärkt auch den Geschmack.

ENERGIZING

Muntmacher für Körper und Geist

ENERGIZING

Sorgt für Zellschutz

Stärkt das Immunsystem

APFELEIS

ZUTATEN
FÜR CA. 750 ML

400 g Äpfel
100 ml Apfelsüße
500 ml Sojadrink
4 EL Reis Cuisine
(pflanzliche Sahne-Alternative)
1 EL Baobabpulver
1 TL Zimtpulver
1 TL rohes Vanillepulver

+ mit Eismaschine

„An apple a day keeps the doctor away" – in diesem kleinen Reim steckt so viel Wahrheit! Äpfel versorgen den Körper mit wichtigen Nährstoffen, setzen verschiedene Zellprozesse in Gang und liefern außerdem noch reichlich Energie. In der Eisversion schmecken sie extrafrisch!

ZUBEREITUNG

1. Die Äpfel gut waschen, vierteln, entkernen und in kleine Stücke schneiden. Die Apfelstücke im Mixer zu einem feinen, cremigen Mus pürieren und nach Belieben durch ein feines Sieb streichen.
2. Das Fruchtmus wieder in den Mixer geben und mit Apfelsüße, Sojadrink sowie Reis Cuisine 3 bis 4 Minuten pürieren. Das Baobabpulver sowie das Zimt- und Vanillepulver hinzufügen und alles nochmals kurz durchmixen.
3. Die Apfelmischung in der Eismaschine 25 bis 30 Minuten gefrieren lassen, bis die gewünschte Konsistenz erreicht ist. Das Apfeleis sofort genießen oder in ein gefrierfestes vorgekühltes Gefäß mit Deckel füllen und im Tiefkühlfach aufbewahren.

TIPP
Wenn das Eis noch ein wenig frischer schmecken soll, können Sie einfach den Saft von ½ Zitrone unter die Eismischung rühren. Bei den Äpfeln greifen Sie am besten zu Bioqualität, da sie in diesem Rezept mit Schale verwendet werden und konventionelle Ware meist reichlich gespritzt ist.

ENERGIZING

Hält fit
Unterstützt den Muskelaufbau

CHIA-PFLAUMEN-SORBET

ZUTATEN
FÜR CA. 550 ML

250 g Pflaumen
(aus dem Glas, ohne Stein)

50 g Chiasamen

250 ml Reisdrink

ca. 2 EL Agavendicksaft
(je nach gewünschter Süße)

mit Eismaschine

Marathonläufer und Fitnessfans schwören auf diese kleinen Kraftspender: Chiasamen sind eine fantastische pflanzliche Proteinquelle und helfen mit, Muskelmasse aufzubauen. Also, nach dem nächsten Fitnesstraining können Sie sich den Proteinshake sparen – essen Sie lieber dieses Eis!

ZUBEREITUNG

1 Die Pflaumen samt dem Einlegewasser aus dem Glas in den Mixer geben und fein pürieren.

2 Das Pflaumenpüree mit Chiasamen, Reisdrink und Agavendicksaft in einer Schüssel gut verrühren und zugedeckt im Kühlschrank etwa 3 Stunden quellen lassen.

3 Die Chia-Pflaumen-Mischung in der Eismaschine 25 bis 30 Minuten gefrieren lassen, bis die gewünschte Konsistenz erreicht ist. Das Chia-Pflaumen-Sorbet sofort nach Belieben mit Pflaumenspalten anrichten und genießen oder in ein gefrierfestes vorgekühltes Gefäß mit Deckel füllen und im Tiefkühlfach aufbewahren.

TIPP
Knuspriges Topping gefällig? Einfach ein paar Chiasamen zum Servieren über das Sorbet streuen und los geht's!

ENERGIZING

Verleiht Schwung

Steigert die Vitalität

ERDBEERSORBET MIT BALSAMICO

ZUTATEN
FÜR CA. 500 ML

500 g Erdbeeren

2 EL Zitronensaft

1–2 EL Aceto balsamico (hohe Qualität, am besten Erdbeer-Balsamico)

1 Vanilleschote

100 g Birkensüße

1 EL Baobabpulver

¼ TL Johannisbrotkernmehl (ca. 0,5 g)

¼ TL Guarkernmehl (ca. 0,5 g)

✚ mit Eismaschine

Erdbeerfans lernen ihre Lieblingsfrüchte hier von einer neuen Seite kennen. In den Superbeeren steckt nicht nur eine Menge Vitamin C, sie liefern auch wichtige Mineralien und Spurenelemente wie Kalium, Mangan, Fluor, Kupfer, Eisen und Jod. Mangan steigert die Energie im Körper. Der Balsamico verleiht dem Eis eine raffinierte Note.

ZUBEREITUNG

1 Die Erdbeeren waschen, putzen, halbieren und in den Mixer geben.

2 Den Zitronensaft und 100 ml Wasser hinzufügen und alles 2 bis 3 Minuten pürieren. Anschließend den Aceto balsamico hinzufügen und nochmals kurz durchmixen.

3 Die Vanilleschote längs aufschneiden und das Mark mit einem spitzen Messer herauskratzen. Mit der Birkensüße, dem Baobabpulver sowie dem Johannisbrotkern- und dem Guarkernmehl zur Erdbeermischung in den Mixer geben und alles nochmals 1 bis 2 Minuten cremig pürieren.

4 Die Erdbeermischung in der Eismaschine 25 bis 30 Minuten gefrieren lassen, bis die gewünschte Konsistenz erreicht ist. Das Erdbeersorbet mit Balsamico sofort genießen oder in ein gefrierfestes vorgekühltes Gefäß mit Deckel füllen und im Tiefkühlfach aufbewahren.

ENERGIZING

Steigert die Leistung
Wirkt antioxidativ

ERDBEER-JOGHURT-EIS

ZUTATEN
FÜR CA. 550 ML

100 g Erdbeeren
450 ml Sojajoghurt
2 EL Zitronensaft
100 g Cashewmus
125 g Birkensüße
Salz
Pfeffer aus der Mühle
½ TL Camu-Camu-Pulver
¼ TL Johannisbrotkernmehl (ca. 0,5 g)
¼ TL Guarkernmehl (ca. 0,5 g)

mit Eismaschine

Dieses Eis werden kleine – und große – Prinzessinnen lieben. Wir sagen nur ROSA! Ist das süß! Aber Erdbeeren sehen nicht nur superniedlich aus, sondern die Früchtchen sind auch noch fettarm, sehr ballaststoffreich und wahre Gesundheits-Booster. Zum Verwöhnen köstlich!

ZUBEREITUNG

1 Die Erdbeeren waschen, putzen, halbieren und in den Mixer geben.

2 Den Sojajoghurt mit dem Zitronensaft und dem Cashewmus zu den Erdbeeren in den Mixer geben und alles 3 bis 4 Minuten cremig pürieren.

3 Die Birkensüße, je 1 Prise Salz und Pfeffer, das Camu-Camu-Pulver, das Johannisbrotkern- und das Guarkernmehl hinzufügen und alles nochmals gut durchmixen.

4 Die Erdbeer-Joghurt-Mischung in der Eismaschine 25 bis 30 Minuten gefrieren lassen, bis die gewünschte Konsistenz erreicht ist. Das Erdbeer-Joghurt-Eis sofort genießen oder in ein gefrierfestes vorgekühltes Gefäß mit Deckel füllen und im Tiefkühlfach aufbewahren.

TIPP
Sollten Sie gerade keine frischen Erdbeeren bekommen, können Sie auch gut TK-Früchte verwenden. Diese Erdbeeren einfach 2 Stunden vor der Verwendung auftauen lassen.

ENERGIZING

Verleiht
Ausdauer
Nervenstärkend

GOJIBEERENEIS

ZUTATEN
FÜR CA. 700 ML

150 g helles Mandelmus
80 g Gojibeeren
½ Zitrone
2 kleine Bananen
4 TL Agavendicksaft
500 ml Kokoswasser
2 EL Kokosmus
2 Datteln (ohne Stein)
½ TL Camu-Camu-Pulver

mit Eismaschine

Gojibeeren geben Superpower für Körper und Geist. Sie stecken voller Kalium und Magnesium, stärken dadurch die Nerven und die Konzentrationsfähigkeit. Für Sportler sind sie echte Energy-Booster, denn die in ihnen enthaltenen Polysaccharide unterstützen die Muskeln bei Belastung.

ZUBEREITUNG

1 Das Mandelmus und die Gojibeeren (siehe auch Tipp) im Mixer pürieren. Die Zitrone auspressen.

2 Die Bananen in grobe Stücke schneiden und mit dem Agavendicksaft, dem Kokoswasser, dem Kokosmus, den Datteln, dem Camu-Camu-Pulver und dem Zitronensaft ebenfalls in den Mixer geben und alles cremig pürieren.

3 Gojibeerenmischung in der Eismaschine 20 bis 25 Minuten gefrieren lassen, bis die gewünschte Konsistenz erreicht ist. Das Gojibeereneis sofort genießen oder in ein gefrierfestes vorgekühltes Gefäß mit Deckel füllen und im Tiefkühlfach aufbewahren.

TIPP

Gojibeeren lassen sich noch besser verarbeiten, wenn Sie sie vorher 3 bis 4 Minuten in heißem Wasser quellen lassen. Dann in ein Sieb abgießen, abtropfen lassen und wie im Rezept beschrieben weiterverarbeiten.

ENERGIZING

Aphrodisierend
Macht stressresistent

MACA-EIS MIT WALNÜSSEN

ZUTATEN
FÜR CA. 500 ML

90 g Cashewmus
90 ml Ahornsirup
15 g Macapulver
¼ TL Johannisbrotkernmehl (ca. 0,5 g)
¼ TL Guarkernmehl (ca. 0,5 g)
4 EL gehackte Walnusskerne

+ mit Eismaschine

Maca ist eine kleine Wunderknolle aus den Anden, die hierzulande in Pulverform erhältlich ist. Sie verfügt über wahre Zauberkräfte, und ihre Wirkung als natürliches Aphrodisiakum ist längst nachgewiesen. Außerdem vermag die vital- und nährstoffreiche Macaknolle resistenter gegen Stress zu machen. Probieren Sie es aus!

ZUBEREITUNG

1. Das Cashewmus mit dem Ahornsirup, dem Macapulver und 300 ml Wasser im Mixer cremig rühren.
2. Das Johannisbrotkern- und das Guarkernmehl untermischen und nochmals kurz durchmixen.
3. Die Macamischung in der Eismaschine 20 bis 25 Minuten gefrieren lassen, bis die gewünschte Konsistenz erreicht ist. Kurz vor Ende des Gefriervorgangs die Walnüsse zum Eis geben und alles weitergefrieren lassen.
4. Das Maca-Eis mit Walnüssen sofort genießen oder in ein gefrierfestes vorgekühltes Gefäß mit Deckel füllen und im Tiefkühlfach aufbewahren.

TIPP
Knusprig, knackig und lecker: Vor dem Servieren das Eis als Topping mit gehackten Walnüssen oder gerösteten Cashewkernen bestreuen.

ENERGIZING

Gibt Power
Stärkt die Nerven

MARACUJA-BANANEN-EIS

ZUTATEN
FÜR CA. 550 ML

6 Bananen
1 Vanilleschote
5 Maracujas (Passionsfrüchte)
50 ml Sojadrink

Haben Maracujas eine schrumpelige Schale, sehen sie zwar nicht so verlockend aus, sind dafür aber süß und reif. Die magnesium- und phosphorhaltigen Früchte stärken Muskeln und Nerven. Und kombiniert mit Bananen, ist dieser Mix ein unschlagbarer Energiespender.

ZUBEREITUNG

1 Am Vortag die Bananen schälen, in Stücke schneiden und in einem Gefrierbeutel über Nacht im Tiefkühlfach gefrieren lassen.

2 Am nächsten Tag die Vanilleschote längs aufschneiden und das Mark mit einem spitzen Messer herauskratzen.

3 Die Maracujas halbieren, das Fruchtfleisch mit einem Löffel herauslösen und in den Mixer geben.

4 Die gefrorenen Bananen mit dem Sojadrink und dem Vanillemark zur Maracuja geben und alles zu einem cremigen Eis pürieren. Das Maracuja-Bananen-Eis sofort genießen oder in ein gefrierfestes vorgekühltes Gefäß mit Deckel füllen und im Tiefkühlfach aufbewahren.

TIPP
Für mehr Karibik-Feeling (und wenn keine Kinder mitessen) rühren Sie noch einen Schuss Rum unter das Eis.

ENERGIZING

Macht wach
Regt den Stoffwechsel an

MATCHA-EIS

ZUTATEN
FÜR CA. 550 ML

250 ml Reisdrink
250 ml Kokosmilch (aus der Dose)
3 EL Matcha-Teepulver
110 g Birkensüße
1 EL rohes Vanillepulver
1 Spritzer Zitronensaft
¼ TL Johannisbrotkernmehl (ca. 0,5 g)
¼ TL Guarkernmehl (ca. 0,5 g)

✚ mit Eismaschine

Matcha ist fein pulverisierter grüner Tee, der aus den zartesten Teilen der Teeblätter schonend gewonnen wird. Dadurch bleiben die wertvollen Inhaltsstoffe des aromatisch schmeckenden und leuchtend grünen Tees erhalten. Durch seinen Teingehalt hält er wach, steigert die körperliche Ausdauer, reduziert Stress und gilt insgesamt als fantastischer Energie-Booster.

ZUBEREITUNG

1 Den Reisdrink mit der Kokosmilch in einen Topf geben und kurz aufkochen. Das Matcha-Teepulver mit dem Schneebesen einrühren, den Topf sofort vom Herd nehmen und die Mischung 10 Minuten ziehen lassen.

2 Die Matchamischung in den Mixer geben. Die Birkensüße, das Vanillepulver, 1 Spritzer Zitronensaft, das Johannisbrotkern- sowie das Guarkernmehl hinzufügen und alles gut durchmixen. Anschließend abkühlen lassen.

3 Die abgekühlte Mischung in der Eismaschine 25 bis 30 Minuten gefrieren lassen, bis die gewünschte Konsistenz erreicht ist. Das Matcha-Eis sofort genießen oder in ein gefrierfestes vorgekühltes Gefäß mit Deckel füllen und im Tiefkühlfach aufbewahren.

TIPP
Schoko-Fans heben unter die abgekühlte Matchamischung noch 50 bis 100 g fein gehackte Zartbitterschokolade.

ENERGIZING

Schützt das Herz

Sorgt für starke Muskeln

MOKKA-EIS

ZUTATEN
FÜR CA. 550 ML

200 g Zartbitterschokolade (70–80 % Kakaogehalt)

400 ml Kokosmilch (aus der Dose)

4 TL Espresso (frisch gebrüht und abgekühlt)

2 TL rohes Vanillepulver

Salz

1 TL Carobpulver

½ TL Macapulver

¼ TL Johannisbrotkernmehl (ca. 0,5 g)

¼ TL Guarkernmehl (ca. 0,5 g)

+ mit Eismaschine

Kakao ist eine exzellente pflanzliche Magnesiumquelle und liefert daneben reichlich Kalzium. Und in diesem Eis steckt davon eine ganze Menge. Während Magnesium die Muskulatur mit Energie versorgt und den Blutdruck reguliert, unterstützt Kalzium den Aufbau von Knochen und Zähnen. Der Espresso sorgt mit seinem Koffein für zusätzliche Power. Wenn das keine Argumente sind!?!

ZUBEREITUNG

1. Die Schokolade mit einem Messer in Stücke hacken und im warmen Wasserbad schmelzen lassen.
2. Die Kokosmilch mit dem Espresso, dem Vanillepulver, 1 Prise Salz und dem Carobpulver im Mixer gut durchrühren.
3. Die geschmolzene Schokolade, das Macapulver, das Johannisbrotkern- sowie das Guarkernmehl hinzufügen und alles nochmals 2 bis 3 Minuten cremig rühren.
4. Die Schoko-Espresso-Mischung in der Eismaschine 20 bis 25 Minuten gefrieren lassen, bis die gewünschte Konsistenz erreicht ist. Das Mokka-Eis sofort servieren oder in ein gefrierfestes vorgekühltes Gefäß mit Deckel füllen und im Tiefkühlfach aufbewahren.

IMMUN BOOST

Stärkung für Abwehrkräfte und Stoffwechsel

IMMUN BOOST

Fitmacher
Unterstützt das Immunsystem

ANANASEIS MIT KOKOS

ZUTATEN
FÜR CA. 500 ML

200 g Ananasfruchtfleisch
150 ml Reisdrink
150 ml Kokosmilch (aus der Dose)
100 g Birkensüße
20 g Kokosraspel
Salz
½ TL Camu-Camu-Pulver
¼ TL Johannisbrotkernmehl (ca. 0,5 g)
¼ TL Guarkernmehl (ca. 0,5 g)

mit Eismaschine

Ein echtes Fitnesseis! Wussten Sie, dass Ananas neben vielen anderen Mineralien und Spurenelementen auch reichlich Eisen enthält? Das macht fit – geistig und körperlich. Und die in der Kokosmilch enthaltenen mittelkettigen gesunden Fettsäuren unterstützen diese Wirkung noch und liefern Energie.

ZUBEREITUNG

1 Das Ananasfruchtfleisch in kleine Stücke schneiden. Den Reisdrink, die Kokosmilch und die Ananasstücke im Mixer cremig pürieren.

2 Birkensüße, Kokosraspel, 1 Prise Salz, Camu-Camu-Pulver, Johannisbrotkern- sowie Guarkernmehl nach und nach zur Ananasmischung hinzufügen und alles nochmals gut durchmixen.

3 Die Ananas-Kokos-Mischung im Kühlschrank 1 Stunde ruhen lassen. Danach nochmals kurz durchrühren und in der Eismaschine 25 bis 30 Minuten gefrieren lassen, bis die gewünschte Konsistenz erreicht ist. Das Ananaseis sofort genießen oder in ein gefrierfestes vorgekühltes Gefäß mit Deckel füllen und im Tiefkühlfach aufbewahren.

TIPP
Wenn Sie die Kokosraspel vor der Verwendung im Backofen oder in einer Pfanne ohne Fett leicht anrösten, erhält das Eis einen noch intensiveren Geschmack.

IMMUN BOOST

Stimmungs-aufheller
Stärkt die Abwehrkräfte

ANANASEIS MIT MANGO

ZUTATEN
FÜR CA. 550 ML

240 g Ananasfruchtfleisch
200 g Mangofruchtfleisch
500 ml Reisdrink
1 gestr. EL Reismehl
2 TL Baobabpulver
ca. 2 EL Agavendicksaft
(je nach gewünschter Süße)

✚ mit Eismaschine

Mit diesem aromatischen Eis haben Sie auch im trüben Winter Sommer-Feeling auf der Zunge! Sowohl in Ananas wie auch in Mangos steckt das wertvolle Vitamin-Trio ACE, das den Körper vor Erkältungen und freien Radikalen zu schützen vermag. Ein Mega-Push für das Immunsystem!

ZUBEREITUNG

1. Das Ananas- und Mangofruchtfleisch getrennt voneinander in sehr kleine Stücke schneiden. Den Reisdrink mit dem Reismehl in einen Topf geben und unter Rühren zum Kochen bringen. Die Ananasstücke hinzufügen und einige Minuten köcheln lassen, sodass die Stärke bindet.
2. Den Topf vom Herd nehmen, die Mangostücke und das Baobabpulver untermischen. Die Fruchtmasse im Mixer cremig pürieren und mit dem Agavendicksaft süßen.
3. Die Masse 25 bis 30 Minuten in der Eismaschine gefrieren lassen, bis die gewünschte Konsistenz erreicht ist. Das Ananaseis mit Mango sofort genießen oder in ein gefrierfestes vorgekühltes Gefäß mit Deckel füllen und im Tiefkühlfach aufbewahren.

TIPP
Statt frischer Ananas können Sie auch Ananas aus der Dose verwenden. Da es bereits weich ist, kann man es mit der Mango in kleine Stücke schneiden und ohne vorheriges Kochen einfach unter die heiße Reismischung rühren.

IMMUN BOOST

Verdauungsfördernd

Schützt vor Viren und Bakterien

APRIKOSENEIS MIT MAULBEEREN

ZUTATEN
FÜR CA. 550 ML

1 kg Aprikosen
(frisch, tiefgefroren oder aus der Dose)

3 EL Vanille-Essenz

1 Banane

4 EL Walnussöl

8 EL getrocknete Maulbeeren

4 EL helles Mandelmus

mit Eismaschine

Braucht Ihr Stoffwechsel eine kleine Unterstützung? Dann ist dieses Eis genau das Richtige. Die süßen Aprikosen und herb-fruchtigen Maulbeeren liefern wichtige Ballaststoffe, die eine gesunde Verdauung fördern.

ZUBEREITUNG

1 Die frischen Aprikosen waschen, halbieren und entsteinen, TK-Aprikosen auftauen lassen, Dosenaprikosen in ein Sieb abgießen. Das Fruchtfleisch mit der Vanille-Essenz und 6 EL Wasser in einen Topf geben, kurz aufkochen und 15 Minuten ziehen lassen. Die Banane in Stücke schneiden.

2 Die abgekühlte Aprikosenmischung, die Bananenstücke, das Walnussöl, die Maulbeeren und das Mandelmus im Mixer 2 bis 3 Minuten zu einer cremigen Masse pürieren.

3 Die Aprikosenmischung in der Eismaschine 25 bis 30 Minuten gefrieren lassen, bis die gewünschte Konsistenz erreicht ist. Das Aprikoseneis sofort genießen oder in ein gefrierfestes vorgekühltes Gefäß mit Deckel füllen und im Tiefkühlfach aufbewahren.

TIPP
Vanille-Essenz ist leider bislang im Handel nur schwer zu bekommen, wer keine findet, kann stattdessen auch das Mark von 1 Vanilleschote verwenden.

IMMUN BOOST

Schützt das Herz-Kreislauf-System

Bekämpft Entzündungen

CRANBERRYSORBET

ZUTATEN
FÜR CA. 400 ML

200 g frische Cranberrys

300 ml Orangensaft
(frisch gepresst)

1–2 EL Kokosblütenzucker
(je nach gewünschter Süße)

1 Banane

1 EL Baobabpulver

+ mit Eismaschine

Die säuerlich schmeckenden Cranberrys werden in den USA an Thanksgiving zum traditionellen Truthahn serviert. Aber wie hier, als süßes Sorbet zubereitet, sind sie noch viel köstlicher. Zudem stecken die roten Früchtchen voller Vitamine, Mineralien und sekundärer Pflanzenstoffe, die antientzündlich wirken.

ZUBEREITUNG

1 Die Cranberrys waschen, abtropfen lassen und mit dem Orangensaft und dem Kokosblütenzucker in einem Topf aufkochen lassen. Anschließend bei schwacher Hitze etwa 10 Minuten köcheln lassen, bis die Beeren aufplatzen.

2 Die Banane schälen und in Stücke schneiden. Mit dem Cranberry-Orangen-Sud und dem Baobabpulver im Mixer 3 bis 4 Minuten pürieren.

3 Cranberrymischung in der Eismaschine 25 bis 30 Minuten gefrieren lassen, bis die gewünschte Konsistenz erreicht ist. Das Cranberrysorbet sofort genießen oder in ein gefrierfestes vorgekühltes Gefäß mit Deckel füllen und im Tiefkühlfach aufbewahren.

TIPP
Statt der frischen Cranberrys, die erst ab September Saison haben, können Sie auch Soft-Cranberrys verwenden. Dabei aber bitte darauf achten, dass die Beeren ungezuckert sind!

IMMUN BOOST

Erhöht die Widerstandskraft
Entzündungs-hemmend

GOJIBEERENEIS MIT INGWER

ZUTATEN
FÜR CA. 700 ML

30 g Ingwerwurzel
150 g Gojibeeren
4 Datteln (ohne Stein)
100 g Cashewkerne
500 ml Reisdrink
2 TL Acaipulver

mit Eismaschine

Eisausflug nach Asien: Die ursprünglich aus China stammenden Gojibeeren gelten als das Superfood schlechthin. Sie enthalten unter anderem ganz bestimmte Zuckerketten, die die T-Lymphozyten anregen und so die Abwehrkräfte stärken. Der Scharfmacher Ingwer hilft dabei kräftig mit.

ZUBEREITUNG

1. Den Ingwer schälen und auf einer feinen Reibe raspeln. Mit den Gojibeeren, Datteln und den Cashewkernen in den Mixer geben und pürieren.
2. Den Reisdrink und das Acaipulver hinzufügen und alles nochmals gut durchmixen.
3. Die Gojibeerenmischung in der Eismaschine 25 bis 30 Minuten gefrieren lassen, bis die gewünschte Konsistenz erreicht ist. Das Gojibeereneis sofort servieren oder in ein gefrierfestes vorgekühltes Gefäß mit Deckel füllen und im Tiefkühlfach aufbewahren.

TIPP
Wenn Sie das Eis noch etwas süßer und cremiger mögen, einfach 1 Banane schälen, in Stücke schneiden und zum Schluss mit in den Mixer geben.

IMMUN BOOST

Stärkt das Immunsystem

Power fürs Gehirn

HIMBEEREIS MIT HANF

ZUTATEN
FÜR CA. 500 ML

4 Mandarinen
(am besten Saftmandarinen)

2 Bananen

30 g geschälte Hanfsamen

½ TL Camu-Camu-Pulver

1 EL Baobabpulver

1 Spritzer Zitronensaft

600 g TK-Himbeeren

Süße Früchtchen und kleine knusprige Samen – diese coole Kombi bringt das Immunsystem auf Trab! In Hanfsamen stecken Kalzium, Kalium, Magnesium, Schwefel, Eisen und auch noch Omega-3-Fettsäuren. In Mandarinen und Himbeeren eine Menge Vitamin C: Eine bessere Prophylaxe gegen Immunschwäche gibt es nicht!

ZUBEREITUNG

1. Die Mandarinen halbieren und den Saft auspressen. Die Bananen schälen und in grobe Stücke schneiden.
2. Die Bananenstücke mit den Hanfsamen, dem Mandarinensaft, dem Camu-Camu-Pulver, dem Baobabpulver und dem Zitronensaft im Mixer pürieren. Nach und nach die gefrorenen Himbeeren hinzufügen. Alles gut durchmixen, bis die gewünschte Konsistenz erreicht ist.
3. Die Mischung nach Belieben mit bis zu 4 EL Agavendicksaft süßen bzw. abschmecken. Das Eis sofort und nach Belieben mit Hanfsamen bestreut servieren oder in ein gefrierfestes vorgekühltes Gefäß mit Deckel füllen und im Tiefkühlfach aufbewahren.

TIPP

Anstelle von Himbeeren können Sie für diese Eiskreation auch Erdbeeren verwenden. Dafür frische Erdbeeren waschen, putzen und im Tiefkühlfach einige Stunden gefrieren lassen oder gleich TK-Ware kaufen.

IMMUN BOOST

Macht widerstandsfähig

Wirkt gegen Entzündungen

MANGO-EIS MIT INGWER

ZUTATEN
FÜR CA. 500 ML

3 Bananen
1 Mango
1 Bio-Zitrone
1 daumengroßes Stück Ingwer
1 EL Baobabpulver
Chilipulver

Süße Mango – die Königin der Früchte – trifft in diesem Eis auf scharfen Ingwer: Das heißt, die Abwehrkräfte erhalten einen kräftigen Schub unter anderem durch die Vitamine A und C aus der Mango und den zahlreichen bioaktiven Substanzen aus der scharfen Ingwerwurzel.

ZUBEREITUNG

1 Am Vortag die Bananen schälen, in Scheiben schneiden und in einem Gefrierbeutel über Nacht im Tiefkühlfach gefrieren lassen.

2 Am nächsten Tag die gefrorenen Bananen in den Mixer geben und etwas antauen lassen. Die Mango schälen, das Fruchtfleisch in breiten Streifen von Stein und dann in Stücke schneiden. Mangostücke in den Mixer geben. Die Zitrone heiß waschen, trocken reiben, nach Belieben die Schale fein abreiben und beiseitestellen (siehe Tipp). Die Zitrone halbieren und den Saft auspressen.

3 Ingwer schälen und auf einer feinen Reibe rapseln. Mit Zitronensaft, Baobabpulver und 1 Prise Chilipulver in den Mixer geben und etwa 45 Sekunden zu einem cremigen Eis pürieren. Das Eis sofort genießen oder in ein gefrierfestes vorgekühltes Gefäß mit Deckel füllen und im Tiefkühlfach aufbewahren.

TIPP
Das fertige Eis mit etwas abgeriebener Zitronenschale bestreuen – duftet herrlich frisch und schmeckt köstlich!

DETOX

Entgiften und entschlacken
auf die coole Art

DETOX

Stimmungsaufheller

Fördert die Durchblutung

ANANASEIS

ZUTATEN
FÜR CA. 500 ML

2 große Ananas

100 ml Agavendicksaft

100 ml Kokosmilch
(aus der Dose)

1 EL Baobabpulver

Ananas gehört in jedes Detox-Programm, warum also nicht auch als Eis? Die saftige Tropenfrucht enthält unter anderem das Enzym Bromelain, das dabei hilft, Nahrungseiweiße zu spalten. Ananas fördert nicht nur die Verdauung und die Durchblutung, sondern gilt auch als natürlicher Stimmungsaufheller.

ZUBEREITUNG

1 Am Vortag die Ananas putzen, vierteln, schälen, den harten Strunk entfernen und das Fruchtfleisch (etwa 800 g) in Stücke schneiden. In einem Gefrierbeutel über Nacht im Tiefkühlfach gefrieren lassen.

2 Am nächsten Tag die gefrorenen Ananasstücke in den Mixer geben und etwas antauen lassen. Den Agavendicksaft, die Kokosmilch und das Baobabpulver hinzufügen und 2 bis 3 Minuten zu einem cremigen Eis pürieren.

3 Das Ananaseis sofort genießen oder in ein gefrierfestes vorgekühltes Gefäß mit Deckel füllen und im Tiefkühlfach aufbewahren.

TIPP

Eine voll ausgereifte Ananas erkennen Sie daran, dass die Blätter saftig grün und die Schale kräftig gelbgrün ist. Am besten schnuppern Sie auch daran: Verströmt die Frucht einen aromatischen Duft, ist sie am leckersten, dabei sollte sie sich aber noch fest und keinesfalls matschig anfühlen

DETOX

Hilft gegen Stress

Unterstützt Magen und Darm

AVOCADO-EIS MIT LIMETTE

ZUTATEN
FÜR CA. 500 ML

1 große Avocado
1 Limette
200 ml Kokosmilch (aus der Dose)
100 ml Kokosnussdrink (oder Haferdrink)
100 g Birkensüße
Salz
¼ TL Johannisbrotkernmehl (ca. 0,5 g)
¼ TL Guarkernmehl (ca. 0,5 g)
½ TL Camu-Camu-Pulver

mit Eismaschine

Avocado-Eis? Ja natürlich, Sie haben richtig gelesen! Die grüne vitaminreiche Frucht eignet sich dank ihres hohen Anteils an gesunden ungesättigten Fettsäuren fantastisch für die Zubereitung von Eis. Es wird herrlich cremig – und schmeckt in Kombination mit dem Limettenaroma schön fruchtig-frisch.

ZUBEREITUNG

1 Die Avocado halbieren, den Kern entfernen, das Fruchtfleisch aus den Schalen lösen und in den Mixer geben. Die Limette halbieren, den Saft auspressen und ebenfalls in den Mixer geben. Die Kokosmilch und den -drink hinzufügen und alles cremig pürieren.

2 Die Birkensüße mit 1 Prise Salz, dem Johannisbrotkern- und dem Guarkernmehl sowie dem Camu-Camu-Pulver in einer Schüssel mit dem Schneebesen gut mischen und anschließend in den Mixer zur Avocado-Limetten-Mischung geben. Alles 3 bis 4 Minuten cremig mixen.

3 Die Avocadomischung in der Eismaschine 25 bis 30 Minuten gefrieren lassen, bis die gewünschte Konsistenz erreicht ist. Das Avocado-Eis sofort genießen oder in ein gefrierfestes vorgekühltes Gefäß mit Deckel füllen und im Tiefkühlfach aufbewahren.

TIPP

Extrahübsch und besonders köstlich wird das Eis, wenn Sie vor dem Servieren 100 g karamellisierte Kokos-Chips (Fertigprodukt) darüberstreuen.

DETOX

Wirkt gegen Entzündungen

Beruhigt die Nerven

BASILIKUMSORBET

ZUTATEN
FÜR CA. 550 ML

50 g Basilikumblätter

50 ml Zitronensaft (frisch gepresst)

300 ml Apfelsaft (naturtrüb)

40 g Birkensüße

½ TL Camu-Camu-Pulver

mit Eismaschine

Die kräftig grüne Farbe mag irritieren, aber dieses Sorbet schmeckt wie ein gefrorener Smoothie! Basilikum ist eines der gesündesten Küchenkräuter überhaupt und hilft zum Beispiel, Giftstoffe aus dem Blut zu transportieren. Abgerundet mit Apfel- und Zitronensaft, wirkt es sehr erfrischend.

ZUBEREITUNG

1 Das Basilikum waschen und trocken tupfen. Mit dem Zitronen- und Apfelsaft, der Birkensüße und dem Camu-Camu-Pulver in den Mixer geben.

2 Anschließend 200 ml Wasser hinzufügen und alles 2 bis 3 Minuten cremig pürieren.

3 Die Basilikummischung in der Eismaschine 25 bis 30 Minuten gefrieren lassen, bis die gewünschte Konsistenz erreicht ist. Das Basilikumsorbet sofort genießen oder in ein gefrierfestes vorgekühltes Gefäß mit Deckel füllen und im Tiefkühlfach aufbewahren.

TIPP

Nicht nur als Schlussakkord: Dieses Sorbet schmeckt wunderbar als erfrischendes Dessert, es eignet sich aber auch perfekt zum Neutralisieren des Gaumens zwischen zwei herzhaften Gerichten.

DETOX

Bringt den Stoffwechsel auf Trab

Antioxidativ

BEERENSORBET

ZUTATEN
FÜR CA. 500 ML

400 g gemischte TK-Beeren
200 ml Agavendicksaft
2 EL Zitronensaft
1 TL Acaipulver
¼ TL Johannisbrotkernmehl (ca. 0,5 g)
¼ TL Guarkernmehl (ca. 0,5 g)

Einmal gemischte Beeren pur: Himbeeren, Brombeeren, Rote und Schwarze Johannisbeeren und Erdbeeren stecken voller Antioxidanzien und schützen vor freien Radikalen! Zudem wirken Brombeeren entwässernd, Himbeeren regen den Stoffwechsel an, und Erdbeeren bremsen Hungergefühle.

ZUBEREITUNG

1 Die gefrorene Beerenmischung mit dem Agavendicksaft, 80 ml Wasser und dem Zitronensaft im Mixer 2 bis 3 Minuten zu einer cremigen Masse pürieren.

2 Das Acaipulver, das Johannisbrotkernmehl und das Guarkernmehl ebenfalls in den Mixer geben und alles nochmals gut durchmixen.

3 Das Beerensorbet sofort genießen oder in ein gefrierfestes vorgekühltes Gefäß mit Deckel füllen und im Tiefkühlfach aufbewahren.

TIPP

Statt der gefrorenen Beeren können Sie natürlich auch frische Früchte verwenden. Dafür am Vortag die Beeren waschen, putzen, trocken tupfen und in einen Gefrierbeutel geben. Am besten über Nacht im Tiefkühlfach gefrieren lassen.

DETOX

Regt die Verdauung an

Schlankmacher

ERDBEEREIS

ZUTATEN
FÜR CA. 500 ML

500 g Erdbeeren
½ Banane
100 ml Datteldicksaft
2 TL Zitronensaft
1 EL Baobabpulver
250 ml Reisdrink

✚ mit Eismaschine

Mit Blick auf Ihre Bikinifigur möchten Sie sich dennoch etwas Süßes gönnen? Dann wird Sie dieses Eis erfreuen: Erdbeeren haben nur wenige Kalorien, einen hohen Wasseranteil und liefern neben Vitaminen auch eine Menge Ballaststoffe (Pektine und Zellulose), die verdauungsfördernd wirken.

ZUBEREITUNG

1 Die Erdbeeren waschen, putzen, klein schneiden und in eine Schüssel geben. Nach Belieben einige Erdbeerstücke beiseitelegen und später unter das fast fertige Eis rühren.

2 Die Banane ebenfalls klein schneiden und zu den Erdbeeren geben. Den Datteldicksaft, den Zitronensaft und das Baobabpulver über die Früchte geben und zugedeckt etwa 2 Stunden im Kühlschrank marinieren.

3 Die marinierten Früchte mit dem Reisdrink im Mixer fein pürieren. Das Beerenpüree durch ein feines Sieb streichen.

4 Die Beerenmischung in der Eismaschine 25 bis 30 Minuten gefrieren lassen, bis die gewünschte Konsistenz erreicht ist. Das Erdbeereis sofort genießen oder in ein gefrierfestes vorgekühltes Gefäß mit Deckel füllen und im Tiefkühlfach aufbewahren.

TIPP
Am besten mit frischen Erdbeeren und Zitronenmelisseblättern garniert servieren. Erdbeeren sind sehr druckempfindliche Früchte – sie halten sich nur maximal 2 Tage im Kühlschrank.

DETOX

Wirkt entgiftend
Fatburner
Zellschutz

KOKOSEIS MIT KURKUMA

ZUTATEN
FÜR CA. 500 ML

90 g Kokosmus
90 g Agavendicksaft
330 ml Kokoswasser
½ Banane
4 g Kurkumawurzel (Gelbwurz)
¼ TL Johannisbrotkernmehl (ca. 0,5 g)
¼ TL Guarkernmehl (ca. 0,5 g)

mit Eismaschine

Das ist die super Detox-Kombi: Die Inhaltsstoffe der Kokosnuss fördern Herz-, Leber- und Nierenfunktion, Giftstoffe werden ausgeschwemmt. Die Kurkumawurzel ist einer der wirkungsvollsten Fatburner aus der Natur, deren Inhaltsstoffe fettreduzierende Eigenschaften haben und unter anderem den Zellstoffwechsel anregen.

ZUBEREITUNG

1 Das Kokosmus mit dem Agavendicksaft und dem Kokoswasser im Mixer cremig rühren. Die Banane schälen, klein schneiden und ebenfalls in den Mixer geben.

2 Die Kurkumawurzel schälen, klein schneiden und mit dem Johannisbrotkernmehl und dem Guarkernmehl in den Mixer geben. Alles nochmals gut durchmixen.

3 Die Kokos-Kurkuma-Mischung in der Eismaschine 25 bis 30 Minuten gefrieren lassen, bis die gewünschte Konsistenz erreicht ist. Das Kokoseis sofort genießen oder in ein gefrierfestes vorgekühltes Gefäß mit Deckel füllen und im Tiefkühlfach aufbewahren.

TIPP

Statt der frischen Kurkumawurzel können Sie auch bereits fertig gemahlene Kurkuma als Pulver verwenden. Davon etwa ½ TL unter die Eismasse mixen.

DETOX

Entschlackend
Hilft beim
Abnehmen

MANGO-EIS MIT CHIASAMEN

ZUTATEN
FÜR CA. 450 ML

150 g Mangopüree
(aus dem Glas)

250 ml Reisdrink

1–2 EL Agavendicksaft
(je nach gewünschter Süße)

2 EL Chiasamen

✚ mit Eismaschine

Genießen Sie einfach gesund! Mangos haben dank ihrer vielen wertvollen Inhaltsstoffe eine entschlackende Wirkung und können zusammen mit den Chiasamen, den Energiewinzlingen aus den Anden, die Cholesterin- und Leberfettwerte regulieren und beim Abnehmen helfen.

ZUBEREITUNG

1 Das Mangopüree mit dem Reisdrink und dem Agavendicksaft im Mixer 1 bis 2 Minuten cremig rühren.

2 Die Chiasamen unter das Mangopüree heben und alles zugedeckt im Kühlschrank 2 Stunden quellen lassen.

3 Die Mangomischung in der Eismaschine 25 bis 30 Minuten gefrieren lassen, bis die gewünschte Konsistenz erreicht ist. Das Mango-Eis mit Chiasamen sofort genießen oder in ein gefrierfestes vorgekühltes Gefäß mit Deckel füllen und im Tiefkühlfach aufbewahren.

TIPP
Anstelle des fertigen Mangopürees aus dem Glas können Sie natürlich auch frisches, reifes Mangofruchtfleisch fein pürieren und nach Belieben durch ein feines Sieb streichen. Statt der Mango eignen sich als Obst für dieses Eis auch diverse Beerenfrüchte.

DETOX

Unterstützt die Fettverbrennung

Hält den Darm gesund

PAPAYASORBET

ZUTATEN

FÜR CA. 500 ML

500 g Papaya-Fruchtfleisch

100 ml Zitronensaft (frisch gepresst)

50–80 g Stevia-Zucker

½ TL Camu-Camu-Pulver

mit Eismaschine

Die Papaya ist ein echtes Multitalent. Sie enthält extra viele Ballaststoffe und ist selbst für einen empfindlichen Magen sehr gut verträglich. Mithilfe des eiweißspaltenden Enzyms Papain reguliert sie den Stoffwechsel und kann überflüssige Pfunde schmelzen lassen. So köstlich kann Detox sein!

ZUBEREITUNG

1. Das Papaya-Fruchtfleisch in Stücke schneiden. Zitronensaft mit dem Stevia-Zucker, dem Camu-Camu-Pulver und 100 ml Wasser in den Mixer geben und gut durchmixen.
2. Die Papayastücke hinzufügen und alles nochmals 2 bis 3 Minuten cremig pürieren.
3. Die Papayamischung in der Eismaschine 25 bis 30 Minuten gefrieren lassen, bis die gewünschte Konsistenz erreicht ist. Das Papayasorbet sofort genießen oder in ein gefrierfestes vorgekühltes Gefäß mit Deckel füllen und im Tiefkühlfach aufbewahren.

TIPP

Auch sehr lecker: Statt mit Papaya können Sie dieses Sorbet auch super mit reifen Pfirsichen zubereiten. Dieses knallorange Sommersorbet macht sich übrigens auch besonders gut als Eis am Stiel!

DETOX

Gibt Energie
Schützt das Herz

PISTAZIENEIS MIT KOKOS

ZUTATEN
FÜR CA. 550 ML

1 Vanilleschote
(oder 1 TL rohes Vanillepulver)
20 g Kakaobutter
60 g Kokoscreme
120 g Pistazien
130 g helles Mandelmus
100 g Birkensüße
Salz
1 TL Baobabpulver
4 EL Kokosraspel

✚ mit Eismaschine

Gesunde Fette im Eis? Ja, das gibt es. Hier liefern Pistazien wertvolle mehrfach ungesättigten Fettsäuren, die das Herz schützen. Und auch in Kokoscreme und Kakaobutter stecken neben essenziellen Fetten viele Vitamine, Mineralien und Ballaststoffe. Da dürfen Sie sich ruhig eine Kugel mehr gönnen!

ZUBEREITUNG

1 Die Vanilleschote längs aufschneiden und das Mark mit einem spitzen Messer herauskratzen. Die Kakaobutter mit der Kokoscreme in einem Topf bei schwacher Hitze schmelzen lassen.

2 Die Pistazien mit dem Mandelmus, der Birkensüße, 1 Prise Salz, dem Baobabpulver und 400 ml Wasser im Mixer 2 bis 3 Minuten cremig pürieren.

3 Die geschmolzene Kakaobutter-Kokoscreme-Mischung hinzufügen und nochmals alles gut durchmixen. Dann die Kokosraspel unter die Masse heben.

4 Die Pistazienmischung in der Eismaschine 25 bis 30 Minuten gefrieren lassen, bis die gewünschte Konsistenz erreicht ist. Das Pistazieneis sofort genießen oder in ein gefrierfestes vorgekühltes Gefäß mit Deckel füllen und im Tiefkühlfach aufbewahren.

DETOX

Wirkt entgiftend
Stärkt die Abwehrkräfte

ZITRONENSORBET MIT MELISSE

ZUTATEN
FÜR CA. 500 ML

3 Zitronen
30 g Zitronenmelisse
175 g Birkensüße
¼ TL Johannisbrotkernmehl (ca. 0,5 g)
¼ TL Guarkernmehl (ca. 0,5 g)
½ TL Camu-Camu-Pulver

✚ mit Eismaschine

Als Immun-Booster ist die Zitrone besonders aufgrund ihres Vitamin-C-Gehalts längst ein Klassiker, dabei hat sie auch absolute Detox-Qualitäten. Sie spendet nützliche Enzyme, die den Stoffwechsel unterstützen und Giftstoffe ausschwemmen können. Also reichlich Gründe, dieses Eis sofort zu genießen!

ZUBEREITUNG

1 Die Zitronen halbieren, den Saft auspressen und durch ein feines Sieb in eine Schüssel gießen. 300 ml Wasser hinzufügen. Die Zitronenmelisse waschen, die Blätter abzupfen, mit Küchenpapier trocken tupfen und in das Zitronenwasser geben. Alles im Mixer 1 bis 2 Minuten fein pürieren.

2 Die Birkensüße, das Johannisbrotkern- und das Guarkernmehl sowie das Camu-Camu-Pulver in den Mixer geben und alles nochmals gut durchmixen.

3 Die Zitronenmischung in der Eismaschine 25 bis 30 Minuten gefrieren lassen, bis die gewünschte Konisistenz erreicht ist. Das Zitronensorbet sofort genießen oder in ein gefrierfestes vorgekühltes Gefäß mit Deckel füllen und im Tiefkühlfach aufbewahren.

TIPP

Wenn Sie anstelle des Zitronensafts Limettensaft verwenden, wird das Sorbet etwas säuerlicher. Sie können in diesem Fall etwas mehr Birkensüße nehmen.

ANTI-AGING

Frischekicks für Zellen, Haut und Haare

ANTI AGING

Faltenkiller
Verlangsamt Alterungsprozesse

ACAISORBET

ZUTATEN
FÜR CA. 500 ML

300 g helles Mandelmus
100 ml Dattelsirup
1 TL rohes Vanillepulver
Salz
3 TL Acaipulver
½ TL Camu-Camu-Pulver

mit Eismaschine

In vielen Beauty-Produkten finden sich inzwischen Wirkstoffe der schwarzen Acaibeere (gesprochen Assa-i) aus dem brasilianischen Amazonasgebiet. Schließlich punktet sie, innerlich wie äußerlich angewandt, mit vielen Antioxidanzien, die gegen freie Radikale wirken. Und so die Haut länger jugendlich erhalten. Wie schön!

ZUBEREITUNG

1 Das Mandelmus mit dem Dattelsirup, dem Vanillepulver, 1 Prise Salz sowie dem Acai- und Camu-Camu-Pulver in den Mixer geben und kurz durchmixen.

2 Nach und nach 200 ml Wasser hinzufügen und alles 3 bis 4 Minuten zu einer cremigen Masse rühren.

3 Die Acaimischung in der Eismaschine 25 bis 30 Minuten gefrieren lassen, bis die gewünschte Konsistenz erreicht ist. Das Acaisorbet sofort genießen oder in ein gefrierfestes vorgekühltes Gefäß mit Deckel füllen und im Tiefkühlfach aufbewahren.

TIPP

Auch ohne Eismaschine ist dieses Sorbet fix gemixt: Einfach die fertige Mischung aus dem Mixer in kleine gefrierfeste Formen oder in Portionseisförmchen füllen, im Tiefkühlfach etwas vorgefrieren, den Stiel hineinstecken und über Nacht fertig gefrieren lassen.

ANTI AGING

Stärkt Muskeln und Nerven

Jungbrunnen für die Haut

AVOCADO-BIRNEN-EIS

ZUTATEN
FÜR CA. 500 ML

1 Vanilleschote

2 Avocados

1 Bio-Zitrone

200 ml Birnensaft

2 EL Birnendicksaft

2 EL geschälte Hanfsamen

Salz

2 EL Baobabpulver

+ mit Eismaschine

Avocados sind dank ihres hohen Anteils an ungesättigten Fettsäuren und der Hautschutzvitamine A und E ein wahrer Jungbrunnen für die Haut. Gleichzeitig liefern sie mit Magnesium ein wichtiges Mineral für Muskeln, Nerven und Knochen. Zu cremigem Eis verarbeitet, sorgen die grünen Früchte für ein extravagant feines Geschmackserlebnis.

ZUBEREITUNG

1 Die Vanilleschote längs aufschneiden und das Mark mit einem spitzen Messer herauskratzen. Die Avocados halbieren, die Kerne entfernen, das Fruchtfleisch aus den Schalen lösen und in den Mixer geben. Die Zitrone heiß waschen, trocken reiben und halbieren. Die Schale von einer Hälfte fein abreiben. Anschließend den Saft beider Hälften auspressen und zur Avocado in den Mixer geben.

2 Birnensaft mit Birnendicksaft, Hanfsamen, Zitronenschale, 1 Prise Salz, Baobabpulver und Vanillemark ebenfalls hinzufügen und alles 3 bis 4 Minuten cremig pürieren.

3 Die Avocadomischung in der Eismaschine 25 bis 30 Minuten gefrieren lassen, bis die gewünschte Konsistenz erreicht ist. Sofort genießen oder in ein gefrierfestes vorgekühltes Gefäß füllen und im Tiefkühlfach aufbewahren.

TIPP
Achten Sie beim Kauf der Avocados unbedingt darauf, dass die Früchte reif sind: Sie sollten bei leichtem Druck auf die Schale etwas nachgeben.

ANTI AGING

Pflegt die Haut

Wirkt gegen Entzündungen

BASILIKUMEIS MIT KOKOS

ZUTATEN
FÜR CA. 750 ML

15 g Basilikumblätter

500 ml Kokosnussdrink (ungesüßt)

20 g Kakaobutter

60 g Kokoscreme oder -mus

100 g Birkensüße

Salz

¼ TL Johannisbrotkernmehl (ca. 0,5 g)

¼ TL Guarkernmehl (ca. 0,5 g)

mit Eismaschine

Sie denken bei Basilikum vor allem an Tomate, Mozzarella oder Pasta? Dann lassen Sie sich von dieser wohlschmeckenden Kreation überraschen! In dem vitamin- und mineralstoffreichen frischen Kraut stecken eine Menge ätherischer Öle, die eine bakterienhemmende Wirkung haben und die Haut gleichzeitig weich und straff machen.

ZUBEREITUNG

1 Das Basilikum waschen und trocken tupfen. Mit dem Kokosnussdrink, der Kakaobutter und der Kokoscreme in den Mixer geben und fein pürieren. Die Basilikum-Kokos-Mischung in einem Topf kurz aufkochen lassen, vom Herd nehmen und 20 Minuten ziehen lassen.

2 Die Birkensüße, 1 Prise Salz, das Johannisbrotkern- und Guarkernmehl in eine kleine Schüssel geben und mit dem Schneebesen gut mischen. Mit der abgekühlten Basilikum-Kokos-Masse im Mixer 2 bis 3 Minuten cremig mixen und kühl stellen.

3 Basilikummischung in der Eismaschine 25 bis 30 Minuten gefrieren lassen, bis die gewünschte Konsistenz erreicht ist. Sofort genießen oder in ein gefrierfestes vorgekühltes Gefäß mit Deckel füllen und im Tiefkühlfach aufbewahren.

TIPP
Am besten garnieren Sie das Eis kurz vor dem Servieren mit frischen Basilikumblättern. Besonders hübsch sieht es aus, wenn Sie die Eiskugeln in Kokosnussschalen servieren.

ANTI AGING

Zellschutz
Schlankmacher

BLAUBEEREIS MIT ACAI

ZUTATEN
FÜR CA. 500 ML

1 Vanilleschote
200 g Blaubeeren
100 ml Mandeldrink (ungesüßt)
2 EL helles Mandelmus
50 g Birkensüße
300 g Seidentofu
(oder Vanille-Sojajoghurt)
100 g Bananenfruchtfleisch
1 Limette
2 EL Acaipulver

+ mit Eismaschine

Blaubeeren gehören zu den Früchten mit der höchsten antioxidativen Wirkung überhaupt! Und in Kombination mit den Nähr- und Vitalstoffen aus den Acaibeeren haben Alterungsprozesse – sowohl innerlich als auch äußerlich – wirklich keine Chance! Wenn Anti-Aging doch immer so einfach wäre – und so lecker!

ZUBEREITUNG

1 Die Vanilleschote längs aufschneiden und das Mark mit einem spitzen Messer herauskratzen, Schote beiseitelegen.

2 Die Blaubeeren verlesen, waschen und mit dem Vanillemark und der -schote, dem Mandeldrink sowie dem Mandelmus in einem Topf kurz aufkochen lassen. Die Mischung etwa 20 Minuten ziehen lassen, die Vanilleschote wieder entfernen.

3 Die Birkensüße mit dem Seidentofu in den Mixer geben und kurz pürieren. Das Bananenfruchtfleisch in grobe Stücke schneiden und zu der Tofumischung in den Mixer geben. Die Limette halbieren, den Saft auspressen und ebenfalls in den Mixer geben. Die Blaubeermischung und das Acaipulver hinzufügen und alles gut pürieren.

4 Die Blaubeer-Tofu-Masse in der Eismaschine 25 bis 30 Minuten gefrieren lassen, bis die gewünschte Konsistenz erreicht ist. Das Blaubeereis sofort genießen oder in ein gefrierfestes vorgekühltes Gefäß mit Deckel füllen und im Tiefkühlfach aufbewahren.

ANTI AGING

Erhöht das Wohlbefinden
Verbessert den Schlaf

CASHEWEIS

ZUTATEN
FÜR CA. 550 ML

1 Vanilleschote

500 ml Cashewdrink

100 g Cashewkerne (gesalzen)

100 g Birkensüße

2 EL rohes Kakaopulver

1 TL Carobpulver

1 TL Macapulver

¼ TL Johannisbrotkernmehl (ca. 0,5 g)

¼ TL Guarkernmehl (ca. 0,5 g)

mit Eismaschine

Guter Schlaf und Wohlbefinden lassen frisch und jung aussehen! Cashewkerne enthalten sehr viel Tryptophan. Durch diese essenzielle Aminosäure wird der Nervenbotenstoff Serotonin und durch ihn wiederum das Schlafhormon Melatonin gebildet. So wird dieses Eis zum perfekten Anti-Aging-Mittel. Klingt zu schön, um wahr zu sein? Probieren Sie es aus!

ZUBEREITUNG

1 Die Vanilleschote längs aufschneiden und das Mark mit einem spitzen Messer herauskratzen.

2 Den Cashewdrink mit den Cashewkernen, der Birkensüße, dem Kakao-, Carob- und Macapulver sowie dem Johannisbrotkernmehl, dem Guarkernmehl und dem Vanillemark nacheinander in den Mixer geben und 2 bis 3 Minuten zu einer cremigen Masse pürieren.

3 Die Masse in der Eismaschine 25 bis 30 Minuten gefrieren lassen, bis die gewünschte Konsistenz erreicht ist. Das Eis sofort genießen oder in ein gefrierfestes vorgekühltes Gefäß mit Deckel füllen und im Tiefkühlfach aufbewahren.

TIPP

Wer es besonders crunchy mag, kann zusätzlich 6 Cashewkerne grob hacken, in einer Pfanne ohne Fett anrösten und mit 2 EL Kakaonibs (geschälte und gebrochene Kakaobohnen) unter das fertige Eis rühren. Übrigens: Dieses Eis können Sie auch mit Macadamianüssen und Macadamiadrink zubereiten.

ANTI AGING

Hautstraffer
Immun-Booster

ORANGENSORBET MIT LIMETTEN

ZUTATEN
FÜR CA. 850 ML

150 ml Orangensaft (frisch gepresst)
50 ml Limettensaft (frisch gepresst)
50 ml Apfelsüße
200 ml Reis Cuisine (pflanzliche Sahne-Alternative)
500 ml Reisdrink
2 EL Baobabpulver

mit Eismaschine

Dieses Sorbet dürfen Sie sich gerne verordnen. Am besten täglich! Schließlich sind Orangen echte Beauty-Wunder: Sie stecken voller Vitamin C und stärken so nicht nur das Immunsystem, sondern unterstützen auch die Bildung von Kollagen, den Hauptbauteil des Bindegewebes, der für die Elastitzität der Haut sorgt.

ZUBEREITUNG

1 Den Orangensaft durch ein feines Sieb gießen und beiseitestellen. Den Limettensaft mit der Apfelsüße in einen Topf geben und kurz erhitzen. Anschließend die Reis Cuisine unterrühren.

2 Den Orangensaft, den Reisdrink und das Baobabpulver unter die Limettenmischung rühren und alles 1 Stunde kühl stellen.

3 Die Orangenmischung in der Eismaschine 25 bis 30 Minuten gefrieren lassen, bis die gewünschte Konsistenz erreicht ist. Nach Belieben 1 Orange filetieren, die Fruchtfilets in Stücke schneiden und unter das fertige Eis mischen (siehe Tipp). Am besten sofort servieren.

TIPP

So filetieren Sie eine Orange: Von der Orange unten und oben einen „Deckel“ abschneiden und auf die Arbeitsfläche stellen. Die Haut mit einem scharfen Messer so großzügig schälen, dass auch die weiße Haut mitentfernt wird. Die Fruchtfilets einzeln zwischen den Trennhäuten herausschneiden.

ANTI AGING

Fördert den gesunden Schlaf

Zellschutz

SAUERKIRSCH-BEEREN-SORBET

ZUTATEN
FÜR CA. 500 ML

1 Vanilleschote
250 g gemischte Beeren
150 ml Sauerkirschsaft
1 TL Acaipulver
1 TL Aroniapulver
250 g Vanille-Sojajoghurt
100 g Sojasahne
2–3 EL Ahornsirup
(je nach gewünschtem Süßungsgrad)

+ mit Eismaschine

Was Kirschen mit Anti-Aging zu tun haben, klingt auf den ersten Blick vielleicht ungewöhnlich: Sie enthalten reichlich Melatonin, ein Hormon, das unser Körper für einen gesunden Schlaf benötigt. Im Schlaf regenerieren sich unsere Zellen, wir fühlen uns erfrischt und länger schön und fit. Aber gerne doch!

ZUBEREITUNG

1. Die Vanilleschote längs aufschneiden und das Mark mit einem spitzen Messer herauskratzen.
2. Die Beerenmischung mit dem Sauerkirschsaft im Mixer fein pürieren. Die Masse durch ein feines Sieb in eine Schüssel streichen, um die Kerne zu entfernen.
3. Die Sauerkirsch-Beeren-Mischung mit dem Acai- und Aroniapulver, dem Sojajoghurt, der Sojasahne, dem Ahornsirup sowie dem Vanillemark wieder in den Mixer geben und 2 bis 3 Minuten cremig mixen.
4. Die Beerenmischung in der Eismaschine 25 bis 30 Minuten gefrieren lassen, bis die gewünschte Konsistenz erreicht ist. Das Sorbet sofort genießen oder in ein gefrierfestes vorgekühltes Gefäß mit Deckel füllen und im Tiefkühlfach aufbewahren.

TIPP
Wenn Sie für dieses Eis eine tiefgekühlte Beerenmischung verwenden, können Sie diese unaufgetaut mit den restlichen Zutaten im Mixer pürieren und sofort als Eis genießen.

ANTI AGING

Hält geistig fit
Schützt Herz und Kreislauf

WALNUSSEIS

ZUTATEN
FÜR CA. 550 ML

1 Vanilleschote

200 g Mandel-Tonka-Creme (Fertigprodukt)

400 ml Mandeldrink (ungesüßt)

100 ml Ahornsirup

2 EL Walnussöl

1 TL Macapulver

100 g Walnusskerne

✚ mit Eismaschine

Okay, über Kalorien wollen wir in einem Buch über Eis eigentlich nicht sprechen. Deswegen fangen wir auch bei Walnüssen nicht damit an. Aber: Sie enthalten eine Menge megagesunder und absolut lebensnotwendiger ungesättigter Fettsäuren, die sehr wichtig für Gehirn und Nerven sind. Das klingt doch viel besser als Kalorien, oder?

ZUBEREITUNG

1 Die Vanilleschote längs aufschneiden und das Mark mit einem spitzen Messer herauskratzen.

2 Die Mandel-Tonka-Creme mit dem Mandeldrink, dem Ahornsirup, dem Walnussöl, dem Vanillemark und dem Macapulver in den Mixer geben und 2 bis 3 Minuten cremig pürieren. Die Walnusskerne klein hacken.

3 Die Masse in der Eismaschine 25 bis 30 Minuten gefrieren lassen, bis die gewünschte Konsistenz erreicht ist. Kurz vor Ende des Gefriervorgangs die gehackten Walnüsse hinzufügen und das Eis fertig gefrieren lassen. Das Walnusseis sofort genießen oder in ein gefrierfestes vorgekühltes Gefäß mit Deckel füllen und im Tiefkühlfach aufbewahren.

TIPP

Wer mag, kann die Eisportionen vor dem Servieren noch mit einigen gehackten Walnüssen und Zartbitterschokoladenraspeln bestreuen.

REGISTER

DAS SIND WIR

KERSTIN POOTH

Die Kommunikationsexpertin ist in der Lifestyle- und Fashion-Branche zu Hause. Ihre ganz große Leidenschaft ist aber das Kochen und Backen. Seit über 20 Jahren entwickelt sie in ihrer professionell ausgestatteten Küche immer wieder neue Rezepte. Besonders gerne Desserts – und am allerliebsten Eis! Für dieses Buch war ihre italienische Musso-Lussino-Eismaschine im Dauereinsatz. Inzwischen versorgt sie mit ihrem Eis eine echte Fangemeinde. Kerstin Pooth ist Mutter eines Sohnes und lebt in der Nähe von Frankfurt (am Main).

ASTRID SASS

Als Journalistin (unter anderem bei den Zeitschriften „Gala" und „Grazia") gehört das Aufspüren von neuen Trends zu ihrem Tagesgeschäft. Privat beschäftigt sich die Lifestyle-Expertin seit vielen Jahren mit gesunder Lebensführung und ausgewogener Ernährung. Dabei hat die Hamburgerin eine große Schwäche für alles Süße. Die Kombination von Eis mit Superfoods ist für die Mutter eines Sohnes DER Mega-Trend in Sachen Desserts.

DANKE

Dieses Buch zu schreiben hat uns unglaublich viel Freude und Spaß bereitet. Die Entstehung war ein aufregender Prozess, der ohne das Team, sprich alle, die zum Entstehen dieses Buches beigetragen haben, nicht möglich gewesen wäre.

Ein großes Dankeschön geht daher an den Verlag, allen voran an Jürgen Brandt, der an uns als „Quereinsteiger" von Anfang an geglaubt hat und uns die Chance zu diesem Buch überhaupt erst gegeben hat. Alexandra Gudzent, unserer Projektbetreuerin, die mit viel Begeisterung dabei war. Danke für Ihren Einsatz, Ihre Geduld, Ihr offenes Ohr und die Unterstützung.

Der allergrößte Dank gebührt unserem Fotografen Claudius Holzmann (www.claudius-holzmann.de), unterstützt von dem Foodstylisten Valerie Kohlmetz (www.valeriekohlmetz.de) und der Fotografie-Auszubildenden Sina Wenz, sowie dem Designbüro Kasel. Für Euren Einsatz zu unserem Buch werden wir Euch immer dankbar sein! Die Detailverliebtheit, perfektionistische Ausleuchtung, Passion und Geduld, gepaart mit einer gehörigen Portion Optimismus und Humor (Eis zu fotografieren ist eine echte Herausforderung und zählt, wie wir lernen durften, zu der Königskategorie in der Food-Fotografie), haben uns an den sehr langen Fotoshooting-Tagen nicht den Verstand verlieren lassen. Danke, liebe Monika Kasel, für die wunderbar frische grafische Gestaltung, Ihren strahlenden Optimismus und die Entwicklung unseres kleinen Eistütchen-Signets.

Großen Dank auch an meine liebe Freundin Regine Guckelsberger, die sich extra ein paar Tage Urlaub genommen hat, um mit mir für das Fotoshooting nochmals alle 44 (!) Rezepte zu fertigen und dabei den letzten geschmacklichen Feinschliff zu geben. An dieser Stelle auch einen herzlichen Dank an Klaus Zinsmeister (www.tribecasuperfood.com), der in NY den ersten Superfood-Eis-Store eröffnet hat, jetzt in Berlin lebt und mir seine Rezepte zu den wunderbaren Sorten (Vanille-Eis mit Kakaobutter, Kokoseis mit Kurkuma, Maca-Eis sowie Schokoladeneis mit Chili) anvertraut hat. Du hast nicht zu viel versprochen – eine Geschmacksexplosion par excellence ;-)!

DANKE, danke, danke auch an unsere Familien und Freunde für die tatkräftige Unterstützung während der Entstehung dieses Buches! Vor allem meinem Sohn Felix für seine Foto-Assistenz und der „helping hand" auf Seite 14.

Ein herzlicher Dank gebührt nicht zuletzt den Personen & Firmen, die uns ihre Produkte zur Verfügung gestellt haben: Jutta Rothe, Inhaberin von Raumgestalt (www.raumgestalt.net) für die wunderbaren Home- und Küchen-Accessoires, die Schalen, Gläser & Co., die unser Eis und die Zutaten erst so richtig zur Geltung bringen. Petra Penzinger für die Küchengeräte der italienischen Marke Smeg (www.smeg.de) aus der „Victoria & 50's"-Style-Serie. Die Rezepturen waren damit im Nu perfekt zubereitet.